臺灣歷史與文化 研究輯刊

初 編

第 16 冊

城隍爺出巡
——臺北市、大稻埕與霞海城隍廟會一百二十年的旋盪
（1879～2000）（上）

宋 光 宇 著

花木蘭文化出版社

國家圖書館出版品預行編目資料

城隍爺出巡——臺北市、大稻埕與霞海城隍廟會一百二十年的
旋盪（1879～2000）（上）／宋光宇 著 — 初版 — 新北市：花
木蘭文化出版社，2013〔民 102〕
序 10+ 目 6+180 面；19×26 公分
（臺灣歷史與文化研究輯刊 初編；第 16 冊）
ISBN：978-986-322-269-9（精裝）
1. 民間信仰　2. 臺灣
733.08　　　　　　　　　　　　　　　　　　102002951

ISBN-978-986-322-269-9

9 789863 222699

臺灣歷史與文化研究輯刊
初　編　第十六冊　　　　　　ISBN：978-986-322-269-9

城隍爺出巡
——臺北市、大稻埕與霞海城隍廟會一百二十年的 旋盪（1879～2000）（上）

作　　者　宋光宇
總 編 輯　杜潔祥
出　　版　花木蘭文化出版社
發 行 所　花木蘭文化出版社
發 行 人　高小娟
聯絡地址　235 新北市中和區中安街七二號十三樓
　　　　　電話：02-2923-1455／傳眞：02-2923-1452
網　　址　http://www.huamulan.tw 信箱 sut81518@gmail.com
印　　刷　普羅文化出版廣告事業
初　　版　2013 年 3 月
定　　價　初編　30 冊（精裝）新臺幣 60,000 元

城隍爺出巡
——臺北市、大稻埕與霞海城隍廟會一百二十年的旋盪
（1879～2000）（上）

宋光宇　著

作者簡介

宋光宇，1949 年在臺北市出生的浙江寧波人。幼時不甚好學，至高三時方才發憤讀書，考上臺灣大學考古人類學系。家貧，以打工方式完成學業。七年時間得到碩士學位，服完兵役後，在指導教授芮逸夫先生的帶領下，進入中央研究院歷史語言研究所工作。越七年，得國家科學會的獎助，負笈美國，入費城的賓州大學，從學於韓書瑞（Susan Naquin）教授，於 1990 年得到博士學位。數十年來，悠遊於人類學、考古學、歷史學、歷史社會學，專研於中國宗教，不只調研外顯的儀式、組織和傳承，更從陳國鎮教授、李子弋教授等名家，精研儒釋道三家的精髓，以為個人心性之修養，實踐中國傳統文人的精神及生活。

現為中央研究院退休人員、佛光大學中國文學系教授、中國文化大學史學系教授。著作有《人類學導論》、《論語心解》等書。

提　要

整本書的敘述設計是先談臺北這塊土地。從西洋、東洋各國所繪製的世界地圖，來看臺灣這塊土地的形象。接著談閩南的移民，是什麼樣的人才會到臺北來開墾。接著談漢人如何建立他們的聚落。有了聚落，才會有寺廟。這時才會談到大稻埕是如何形成的，霞海城隍廟是如何建立的。有廟之後，才會有廟會活動。為什麼該廟要在清光緒三年（1879）開始迎神賽會？答案是連年賺錢。連年賺錢當然要謝神明的庇佑。謝神時，就會用國人習慣的生活方式「請神吃飯」來謝神。大戶人家宴客時，要有「堂會」，叫戲班子來唱戲。因此，請神吃飯的時候一定也要演戲。大戶人家的家長是很勤勞的，常常要巡視他的家園。神明也像這種勤勞的家長，常要巡視他管轄的家園。從這個角度來看霞海城隍的迎神繞境，就成了順理成章的事。當家裡遭強盜搶劫的時候，家長要出來安撫家人，帶領家丁來清理家裡的環境。這就促成當鼠疫在臺灣肆虐時，各地都有迎神逐疫的舉動。

這是第一次用編年體的方式來研究一座廟宇的祭祀活動。唯有很精細的一年又一年的看過去，才可以真正體會當年的繁華風光，同時也可以細細的體察大稻埕，乃至於臺北市和臺灣，在漫漫百年歲月中的轉變。這是一種新的嘗試，也是一種歷史撰寫的新典範。

謹以此書獻給恩師韓書瑞 Susan Naquin 教授

《臺灣歷史與文化研究輯刊》總序

宋光宇

「臺灣」成爲臺灣學術界的重要課題，是一九九〇年代以後的事。從那個時代起，本土意識逐漸高漲，臺灣的各種人文和社會學科，開始把目光投注到自己生存立足的這塊土地上，這才發覺大家對這塊土地其實很陌生。造成這樣感受的原因，是臺灣的人文、社會科學完全是從美國原封不動的搬了進來。教科書是美國人編寫的、所用的實例是美國人做的、所用的理論更是美國人提倡的，根本不干中國或臺灣的事。我從學生時代開始，對這種現象困惑不已。每次上課，看到老教授們大談美國大師的名著和理論，可是，只要提到中國人自己的社會文化現象，老教授們就開始遲疑了，先是「嗯……」幾聲，接著就顧左右而言他；要不然就是用美國某教授提出的理論來解讀中國人的事情。

一九八〇年代我在美國讀書時，正是臺灣經濟蓬勃發展的時候。新臺幣對美元的匯率一路上升。「亞洲四小龍」、「日本第一」等聲浪洶湧澎湃。身爲臺灣人，感到無上的光榮，也感受到什麼是民族、國家的自尊心。

在博士資格考的時候，宗教社會學的主考教授 William DeCraemer 出了這麼一道題：「現在臺灣的經濟發展是世界有目共睹的，你已經熟悉了Max Weber 的新教倫理與資本主義精神這套理論，請你以一個臺灣學者的立場，運用 Max Weber 的理論架構，來解釋臺灣經濟發展的宗教、社會、文化因素。」他在考前半年就向我說明這道題目，要我好好準備。DeCreamer 教授出題後，就去日本做研究，再相見已是在考場上了。天下最可怕的考試就是這種事先告訴你的方式，爲了求全求好，只有努力以赴。

爲了回答這道考題，在 University of Pennsylvania 圖書館中，翻看相關的資料，方才驚覺到：國外圖書館中，有關臺灣的研究實在少得可憐！東亞的資料最多，研究最多的國家是南韓，這完全是拜受美國人幫忙打韓戰之賜，美國人不能不對南韓有深入的研究。日本研究也占相當的數量，因爲它是美國二次大戰時的對手。臺灣只是一九五〇年代起，美國人爲了防堵共產主義擴張的一個前哨站。在戰略上，當然要讓臺灣人民擁有富足的生活。人民爲了繼續保有這種富裕生活，就會更加的依賴美國。結果不僅讓臺灣人在物質生活上依賴美國，更在心智、思想上，也完全被美國大學裡的學術理論所籠罩，臺灣不知不覺的就成了美國學術界的殖民地。當時我以臺灣的中小企業爲榮，可是臺灣企業管理學界，在任何探討臺灣中小企業的專書和論文中，莫不以美國的大企業爲依歸，一面倒的忽視臺灣的中小企業，無視於中小企業的活力與實際成就。看到這些國內叱吒風雲的學者所寫的著作，心中感慨無限。

　　爲了完成這個考題，最後不得不放棄現有的西方理論，另闢蹊徑。我以在臺灣的生活經驗，加上中國傳統的家訓，仿照 Weber 的理論架構，提出「顯親揚名」是中國人努力奮發的生命原動力的概念，具體的作法就是「個人如何藉著事業成就來彰顯祖宗的德澤，從而得到在家族中永恆的地位。」因爲在民間祭祖時，有財產家業留傳下來的祖先方才有子孫祭拜。沒有家業者，就歸入「列祖列宗」的行列，不再單獨享受祭祀。我用這套概念，成功的解釋了在臺灣的中國人爲何會那麼拼命的工作。幾位主考的教授都同意我的解釋。DeCraemer 教授是耶穌會教士，他也非常滿意我這個不落俗套的理論。

　　我是臺灣大學考古人類學系出身的，所學的主要是美國的文化人類學和日據時代日本學者在臺灣所做的田野調查，所以從大學一年級開始，就在臺灣各地做調訪。可是那時候的歷史系還在三皇五帝、帝王將相行列之中打轉。記得在一九八三年，我和同事劉益昌教授一起到屏東瑪家水庫預定範圍內，做評估調查。我們倆騎摩托車到霧台鄉，從鄉公所到阿里村，只有羊腸小道，一邊是懸崖，一邊是峭壁，路幅僅一公尺左右。如有會車，一定摔落懸崖。我們騎在山間的公路上，由於地上粉塵太厚，摩托車抓地力不夠而摔車。當我們出生入死的在做調查時，研究中國各代、思想史等方面的同事，還問我們：「山地部落好不好玩？」這個往事凸顯當時國內的人文、社會科學的學者還不曾眞正重視過臺灣的實地研究。

在社會科學方面，從一九五〇年以來，多數研究一直是在套用西洋的理論，加上臺灣的材料而成。看這些研究成果，會有「身穿唐衫、頭戴西洋禮帽」的怪樣之感覺。大多數的研究就是讓有關臺灣的一些研究案例成為西洋理論的一個註腳，沒有發揮應有的功能、應有的地位。不然就是先說一些西洋理論，後面的研究根本上不曾理會這些理論，形成「頭和身體沒有連結」的怪現象。

曾幾何時，這種漠視臺灣的現象完全改觀了。從一九九〇年代起，突然發覺，臺灣所有人文、社會科學、法商、藝術等的科系都一窩風的開始研究臺灣。這二十多年來，本土意識加強。在學術方面，有關臺灣的研究方才落實到現實生活的層面，不再打高空，不再胡亂套用西洋的理論。這是一件可喜可賀的大事。

這些年來，研究臺灣社會、文化方面的學者都積極努力的開發新的史料。僅管國科會還不肯撥經費支持整理史料，可是其他部會、縣市政府以及民間基金會，願意撥款支持，蒐集整理各種清代、日據時代留存下來的古文書和新聞報紙。這種工作目前已有相當良好的成果。以國立臺灣圖書館為例，其與民間公司合作，把日本北海道大學所藏的歷年《臺灣日日新報》，配合原本的典藏部分，完整做成 PPT 檔；更把該館典藏的各種日據時期期刊、雜誌，也做成 PPT 檔，供各界有心人士研究之用。臺灣大學圖書館也把所收藏的日據時代期刊、報紙，做成 PPT 檔。中央研究院近史所和臺史所，也努力發掘隱藏在各地的私人日記、帳冊、地契等。最有名的是豐原人張麗俊所寫的《水竹居主人日記》十二冊，詳載日據時期豐原地方的民生、社會種種現象，時間長達二十八年。藉由這份日記，可以領會到當時商社經營、人際悲歡、臺灣禮俗及張家的家族史等第一手資料，是研究二十世紀前半臺灣社會變遷的重要史料。

臺北市文獻會也出版了四大冊臺灣北部地區的古契文。把清代、日據時代，有關土地、房產買賣與分家的原始資料完整的呈現出來。各縣市的文化中心、文獻會、縣史館、臺灣大學圖書館等機構，都致力於地方史料的整理。

有了充分的史料之後，就需要有良好的研究成果來彰顯這些史料的重要性。這二十年來，已經有不少良好的研究成果。舉例來說，政治大學歷史系呂紹理教授的名著《水螺響起：日治時代臺灣社會的生活作息》可說是其中

的佼佼者。他在序論提到，這本書是受到法國年鑑學派影響，探討有關於「時間」的問題：臺灣是怎樣進入近代標準時間制度？對日常生活作息又構成何種影響？他從「鐘錶」的傳入著手，來看日據時代糖廠的工作時間表，進而推論，我們現在每天作息時間表是如何形成的。這是結合西方研究方法和臺灣實際史料和現實生活的佳作。

在這次《臺灣歷史與文化研究輯刊》〈初編〉中，吳政憲的《日治初期「臨時臺灣兵站電信部」之研究（1895～1896）》也是很好的研究成果。他把一個早已被人遺忘的電訊團隊發掘出來，讓人們知道臺灣的電信事業是如何開始的。雖然晚清時期劉銘傳已在臺北建立電報事業，可是真正和現代臺灣電信事業直接相關的，是日本占領之初的電信設施。

我在〈初編〉中有一部分成三冊的「巨著」：《城隍爺出巡：臺北市、大稻埕與霞海城隍廟會一百二十年的旋盪（1897-2000）》。完全是利用《臺灣日日新報》、《聯合報》、《民生報》，藉用法國年鑑學派和歷史社會學的視野和方法，來檢視臺北市大稻埕這個商埠，在一百二十年中所歷經的變化，為臺灣社會如何從清代的型態逐步轉變成我們所熟知的社會文化型態，做最好的說明。臺灣學界一直缺乏「社會文化變遷」的實例，有了這樣堅實的材料和理論之後，方才可以跟洋人相關的研究從事對話。

這股風氣展開後，有不少博士班研究生以「日常生活」為研究課題。我所指導和口試的歷史學博士論文，就有以「家具」、「室內陳設」、「辦桌」、「商圈」等為主題者。由於各科系的博士生紛紛以臺灣現實生活為素材，臺灣的研究一下子就活絡起來。

嚴格講，這樣的「小歷史」研究，跟國際學術還是沒有接上軌。把「臺灣」作為一個國際性的研究課題，還是美國學者的構想和作為。

十多年前，臺灣政壇上流行把現在居住在臺灣這塊土地上的人劃分成本省人、外省人、客家人、原住民四大「族群」。在「我是臺灣人，我愛臺灣」這種文革式的政治口號下，把「階級鬥爭」手法搬上臺灣的政治舞臺，紛擾不堪。美國西雅圖華盛頓大學人類學系的 Steven Herell 教授是臺灣通，他看到臺灣的政治亂象，開了一門新課，叫「Ethnicity」，中文名稱是「族群關係」。哈佛大學很快的跟進。

這個課題有兩個研究方向，一個是這群人與那群人之間的互動關係，一

個是「族群」是怎麼形成的。中央研究院民族學研究所的幾位同事偏向人群之間如何互動，去討論原住民各族之間的互動，促成了太魯閣族、撤奇萊雅族的成立。歷史語言研究所的同事王明珂則是利用考古資料，說明「胡人」、「羌人」和「漢人」是如何形成的，都是因為地理、氣候條件改變了人們的經濟活動和生活方式，不同的生活方式和經濟活動造就了不同的「族群」。依照王明珂的族群研究，臺灣的四大族群，在生活方式和經濟活動方面，根本沒有差異。構成不同「族群」的物質條件不存在，剩下來的就是「意識」層面的「自我割裂」，那就像精神異常者的自閉行為。

像 Herrell 教授那樣，運用臺灣的資料，開創出一個新的學術研究方向，而卓然有成，才是有關臺灣研究的最上乘境界。Herrell 教授曾在六〇年代到臺灣讀中文、做田野調查，他對臺灣的關心，不是用嘴巴喊的，而是用他敏銳的觀察力，藉由一個臺灣的現象，來引發另外一個普世通用的研究課題。這才是我們要喝彩的，也是要借鏡學習的。

臺灣可以在世界的學術界有其地位，必需要借助於它的獨特性，例如看上去紛擾的「族群關係」就是一個獨特的題材。另外有一個更好的題材就是「宗教文化」。

國民政府的特色是「強調科學，反對宗教」，因為受西方基督教、帝國主義者和日本明治維新現代化理論的深刻影響，把西方文明、基督教文明當成是單線進化的「文明頂端」，傳統的儒、釋、道三教，乃至於媽祖、保生大帝、三官大帝、三太子等各種民間信仰，都看成是次一級的「Barbarian Upper」（野蠻晚期）。認為國家要進步，就必需去除這些代表野蠻的標識，於是藉口「端正禮俗」，強力壓制臺灣各地的大拜拜活動。這樣做了幾十年，臺灣民間的宗教活動依然興盛。

一九六〇年代，法國學者施舟人（Kristopher Schipper）到中央研究院歷史語言研究所訪問研究一年。他不想整天窩在傅斯年圖書館，就跑到臺南西港，跟當地的道士學道法，完成了爬刀梯，成為正式的道士。他把當時在臺北的外國大使館人員請去臺南，向他們介紹臺灣道士的做法儀式。由於他的努力，臺南西港的道士和道法名聞國際。法國巴黎也就成了世界研究道教的重鎮，至今不衰。

臺灣的歷史文化既然有這樣的特殊性，近三十年來博碩士生的研究成果

也相當可觀，遺憾的是，由於學術出版是一個冷門的行業，無利可圖，而政府部門對學術出版的挹助猶如杯水車薪，因此這些優異傑出的研究，大部份得不到出版的機會，長期束諸高閣，無法被臺灣乃至國際學界更好的利用，學術研究的寂寞真是讓人唏噓！有幸的是，花木蘭文化出版社近年來以其獨特的經營方法，在出版界異軍突起，已成為臺灣學術出版的重鎮。該社 8 年來出版了將近 1500 種的漢學論著，內容涉及到中國文史哲學門的每一個方面，迄今更有心致力於「臺灣歷史與文化」的學術出版。據總編輯杜潔祥先生說，目前已得到各大學研究所將近 60 位指導教授的熱烈支持，所推薦的優秀博碩士論著已近三百部！這真是一個令人振奮的事情！我衷心期盼這個「臺灣歷史與文化研究」的出版計劃，能夠長期堅持下去，讓「臺灣」在人類的思想、文化、生活、歷史等方面，因為有這些優秀的研究，而具有舉足輕重的地位。是為序。

宋光宇　寫於臺北南港筆耕田書房　民國 102 年 3 月 2 日夜

序　言

　　我與宋光宇先生相識已有二十年。1992 年我尾隨於所謂「首批訪問臺灣」的大陸社會科學界五人之伍，在南港中央研究院歷史語言研究所拜會了宋光宇先生。其後由於各自從事的行業及個人意趣的相近，我不時對宋先生有所請益。宋先生除了不吝指教與幫助之外，也經常來大陸進行學術交流活動。令我最爲難忘的是，其時大陸學人大多困頓不堪，有些貧寒學生於糊口裹腹之餘，經費維艱，很難開展比較深入而紮實的田野調查工作和資料搜集工作。宋先生曾慷慨施予援手，得以順利完成學業。

　　在當今的華人學術界，宋光宇先生是少有的幾位對於人文學科進行廣泛涉獵的學人之一。1992 年我初次拜會宋先生時，他所主要從事的專業是考古學和歷史學。就聘於佛光大學之後，宋先生主持學校的教務工作與人類學研究所的研究工作。其間，他的研究領域不斷向外拓展。舉凡先秦諸子、經學、藝術學、生命科學、宗教學、社會學、物理學、地理學，以及中醫養生、陰陽五行等等，無不有所鑽研，甚有心得。宋先生爲學之廣博，不能不讓我倍加欽佩。

　　今年中秋時節，我接到宋光宇先生的來信，說他有一部新的著作《城隍爺出巡》即將出版，囑咐我寫一篇序言。我雖然與宋先生一樣出身於歷史學之門，但是天生鈍魯，至今依然困守於歷史學的藩籬之內，了無新局。而要爲宋先生如此廣博之士的大作撰寫序言，實在愧不敢當。然而以相識多年的因緣，高誼命題，縱然我是言不及義，宋先生豈能以此爲意？一想至此，我也就恭敬不如從命了。

　　拜讀了宋光宇先生的新著之後，我的第一個印象，依然是「廣博也哉」！

套用如今流行的一句學術話語，就是「跨學科整合的研究成果」。新著的第二章，是「臺北盆地的變化」，宋先生搜集和利用從 16 世紀至 19 世紀有關臺北盆地古地圖的記載，對這一時期臺北盆地的地理與歷史文化變遷，進行了新視野的考察。第三章和第四章，宋先生由地理學的研究轉到人類學與民族學的研究。從原住民的生態談到漢人的移民。第五章至第七章，宋先生從漢人的聚落及鄉族的空間結構，論及民間宗教、民間信仰的形成演變，以及與公共衛生、商業體系的關係，其中還涉及到臺灣茶葉的國際貿易諸問題。1897年到 1945 年，臺灣處於日本人的統治之下，是臺灣歷史文化的一個重要轉折時期。宋先生用了三章的篇幅，從傳統與蛻變，及文化解析的各個方面，對臺北大稻埕與霞海城隍信仰的社會文化變遷，進行了詳盡的記述。第十一、十二、十三、十四章，臺灣進入光復時期，宋先生更是從時代社會的變遷中關注於文化的傳承與社會功能上的移風易俗。

從新著的論述體系中，我們可以充分領略到宋光宇先生學術研究興趣的廣泛及其知識積累的深厚。在這部著作中，我們不僅可以從一個不同的角度認識到臺灣的開發與社會變遷的獨特歷程，從而為我們今後更為全面地推進臺灣歷史文化的研究，提供一個新的思考空間。同時，我們也可以從新著的字裏行間，體會到宋先生對於時代與社會變遷的人文關懷。也正是這一點，促動了我敢於貿然為序的蠢蠢欲望。

序言寫成了，我也顧不得宋光宇先生滿意不滿意。我對宋先生更多的願望是：身體健康、其樂無窮；把盞對侃，來日方長！

陳支平
2013.1.12 於廈門大學國學研究院

自序與謝辭

　　花木蘭文化出版社把六十多年來，國內漢學界的博碩士論文分門別類的整理，而後出版，把埋沒多年的研究成績，公諸於世，眞是功德無量的事。我當然不會錯過參與的機會。當總編輯杜潔祥兄提出授權的要求時，立刻就答應了。

　　面對舊作要重新出版的反應，只有兩種。一種是原封不動的出版，顯示當時的學術功底。一種是稍作修正，與時俱進，用新的面貌問世。我對學術作品一向很磨蹭，總要弄到自認爲完善的地方，方才罷手。何況，寫完博士論文時，就知道整個霞海城隍祭典的研究只做了一半，當時已四十歲，一心想早一點畢業，滿足虛榮心，就這樣稀里糊塗的蒙混過去。學位是得到了，內心還是有一份歉疚，一直想要把未完成的部分寫完。

　　2010 年 8 月到 2011 年 7 月，有一年的學術休假。就把自己再度沉浸於圖書館中。透過網路，到國立臺灣圖書館的網站，把《臺灣日日新報》和「聯合知識庫」中有關大稻埕、霞海城隍的資料，全部下載，超過一千筆。慢慢的讀，慢慢的寫，一百年來臺北市、大稻埕、霞海城隍熱鬧的祭典，在我的腦海中，一幕一幕的閃過去，好像是在看一部歷史劇。我融入了歷史的場景，方才領會到「文化變遷」是什麼。

　　也藉著網路的便利性，把全書所引用的資料的出處，都查了一遍。以前在史語所工作時，最怕編輯老先生們的來稿。他們對典籍太熟了，於是在下筆的時候，不假思索的就寫了下去。可是，人的記憶力是不可靠的，往往一下筆就寫錯。再次檢查我自己的舊作時，同樣的發現諸多錯簡誤植的事情。索性全部重查一次，直到沒有錯誤而後已。

　　每寫完一章，就讓跟我多年的老學生王啓明和林爲楷幫我讀一遍。提出不同的意見，幫我改正許多錯誤。老友陳進傳教授也在看了初稿之後，提出一些寶貴的意見。2012 年陳柔縉小姐和我同在行政院新聞局當出版金鼎獎的評審，承她的好意，幫我讀一遍初稿，指出許多在解讀日文的誤謬。文化大學史學所博士班的林儷嫚小姐和小兒宋世源幫我把《臺灣日日新報》上有關霞海城隍的日文報導，譯成中文，讓我不再去瞎猜日文的意思。向這幾位幫助我的大德，致萬分感謝之意。

　　也讓我在文化大學史學所「臺灣社會與宗教」課的六位博士班同學，每週讀一章，並寫摘要和心得，就像當年韓書瑞教授對我的訓練。

　　要感謝最初帶我進入學術圈子的芮逸夫教授、李亦園教授，給我最嚴格訓練的韓書瑞教授，爲這本書作序的陳支平教授。韓書瑞教授於今年（2013）四月十三日要從普林斯頓大學正式退休。我和內子專程去參加她的退休茶會，帶著剛出版的這本書，獻給她，作爲紀念。

　　母親以九十八歲高齡於 2012 年 2 月 12 日仙逝。此書出版時，正值一週年。願她在天上看到這本印刷精美的好書。母親走後，我的身體狀況也很差，方才體會古人要守喪三年的習俗，原來眞的會耗盡心力和體力，需要三年的時間才能恢復。這段期間，定弟幫我用中藥調理，取得相當好的成果。經輔仁大學鄭志明教授的介紹，認識趙賢德先生。他用他發明的量子感應療法，讓我在兩三個月內很快的修復殘破衰敗的身體狀態，也修復了女兒亦勤的視力不能對焦和心悸，小兒世源二十二年的頭痛，查出原來都是起因於小時候的撞擊和摔跤。在眾家的加持下，身體不再有病痛，方才有愉悅的心情來完成這本書的出版。因此，特別在此向定弟、鄭兄和趙老師致謝。

　　最後，要謝謝中央研究院和佛光大學，讓我有一份安定的工作，無慮生活。國立臺灣圖書館的典藏，尤其是電子版，讓我可以很方便的閱讀我所要的資料，都是要衷心感謝的。也要謝謝國家科學會，當年的獎學金讓我眞正一窺學術殿堂之美。

　　　　　　　　　　　　　宋光宇寫於南港筆耕田書房，民國 102 年 1 月 23 日。

目次

第一章　楔　子

第一節　緣　起

　　我是民國三十八年（1949）在臺北市出生的外省人。出生之後的第一個住址是臺北市雅江街 5 號。那是臺灣土地銀行的宿舍。先父是民國三十六年（1947）奉派來臺灣，接收日本勸業銀行的五個支行，成立臺灣土地銀行的人員。當時是房產課長。因此分配的宿舍是一間很大的日本式房子，有前後庭院。後來先父離職，換了個小房間，但是還住在同一個大院子裡，地址改為成都路 113 號。房間的背後可以看到調查局的正誼樓。這個位置是現在的豪景大飯店。

　　民國四十六年（1957），由於興建中興大橋，康定路以西的成都路成了大橋的引道。土銀的宿舍由於正好位在引道上，必需拆除。於是我家就搬到松山區的延吉街 99 號。當時的松山區是一片稻田，家屋的前後都是水圳和稻田。延吉街的尾端在三張犂，是燒煉焦煤的地方。今天繁華的東區，從頂好商圈到新光三越，當時都是稻田，在稻田中有龐大的四四兵工廠和松山菸廠。

　　成都路底是第三水門。民國四十四年（1955）時，在第三水門外的河邊空地上，搭個簡單的臺子，找一些會唱歌的人在臺上唱歌，這是臺北最早的歌廳。宿舍旁邊是一家木材廠。每天看著工人拉動大鋼鋸在鋸木頭。路旁成堆的木材是我和弟弟玩躲貓貓最好的地方。宿舍的院子中有幾棵巨大的茄冬和雞蛋花。夏天的清晨去搖大樹，會掉下許多金龜子。我幼年的生活就在第三水門的木材堆中渡過。從來不知道這個宿舍中央為什麼會有一個大廚房，也不知道它以前是什麼。直到最近，因出版本書的關係，看到南天書局魏德文先生收藏的一張 1935 年出版的臺北市地圖，在那個親切的位置上標示著「御料理魚金」，方才知道它原來是一家日本餐廳。

　　幼年活動的範圍都在艋舺（萬華）和西門町。每天都是和弟弟一起走路去廣州街上的仁愛幼稚園，小學就讀於成都路上的西門國校。每逢初一、十五，常要陪小腳的外婆走路去萬華的龍山寺和成都路上的媽祖廟新興宮燒香。往北走，最遠的地方是陪母親到中央市場買菜。中央市場就是現在的西寧市場。再過去就是北門的河溝頭。再過去從第五水門到第九水門，就是完全陌生的地方，從來不曾去過，卻是本文的主要記述的對象——大稻埕。

　　我會選擇一個完全陌生的地方做為研究的對象，是不得已的事。1987 年 5 月，通過博士資格考試。我的恩師韓書瑞（Susan Naquin）教授很嚴肅的對我說：「你們臺灣學生往往會討巧，先寫一篇很好的碩士論文，得到美國名校的獎學金，來讀博士，可是在寫博士論文時就會討巧走捷徑。把那篇獲得好評的碩士論文用英文改寫一遍，就成了他的博士論文。那是學不到真功夫的。我不准你這樣做。要找一個完全陌生的題目，重新去找資料，發展成為你的博士論文。我自己是這樣做的，我要求你也這樣做。」我沒有任何抗辯的權利和機會。

　　跟恩師討論了幾個題目，她都不同意，認為跟我先前的研究都扯得上關係。當我提出大稻埕的霞海城隍廟的廟會時，她同意了。因為我跟大稻埕和霞海城隍廟毫無淵源，從來沒有任何的接觸。她雖然走遍臺灣各地，對臺灣的人地事物瞭若指掌，嚐盡各地好吃的食物，對大稻埕霞海城隍廟也是一無所知。當然希望能有一本論文詳細的記敘這個地方、它的廟會活動以及其他方面，增加西方人士對臺灣、臺北乃至宗教、社會、文化等方面的瞭解。

　　恩師的恩准卻是我無限煩惱的開始。因為在準備論文的頭半年，完全找不到任何我要的資料。我是臺灣大學考古人類學系的碩士，做田野調查是看家本領。何況我的一貫道調查又做得那麼成功。可是這點本事，在大稻埕，踢到了鐵板。那時，霞海城隍廟的住持是陳國汀先生。他告訴我：「有關霞海城隍廟的事，最好去問林衡道先生。」林先生是我非常尊敬的長輩，他是臺灣省文獻委員會的主任委員，也是板橋林家的長房長孫。他曾神采飛揚的告訴我有關「六館街」的由來。林家的「飲水本思源」五房各在大稻埕設有辦事房，加上總管的帳房，都在這條街上，各有一棟房子作辦公室，是為六館。這就是「大稻埕六館街」的由來。六館街就是現在的南京西路靠迪化街那一頭。他對大稻埕的典故很熟，也很愛護我，願意講給我聽，但是先決條件是我要有可以問他的問題，而當時的我卻是腦袋一片空白，不知從何問起。

　　我去迪化街上的中藥店做訪問。他們都是最近二十幾年方才進駐的店家，

平時不怎麼參與廟會的事。只有當地的耆老王阿添老先生和王世永先生願意告訴我許多相關的事情，也只是片段的記憶。以當時的功力，我根本無法把這些片段的記憶拼湊出一篇像樣子的博士論文。在束手無策之際，知道中央圖書館臺灣分館裡藏有日據時代的報紙。於是就申請去閱讀。臺灣分館對我相當禮遇，讓我到書庫裡去看《臺灣日日新報》。於是就沉浸到報紙堆中。一年過去，才慢慢的整理出一些頭緒來。最先是隨機抽著看，找到不少有用的資料，於是就向國科會申請一個研究計畫（計畫編號 NSC77-0301-H001-30R）。請助理林明雪小姐到中央圖書館看微捲，把 1897～1924 年《臺灣日日新報》漢文版全部印下來。在中央研究院歷史語言所的支持下，裝訂成冊，放在傅斯年圖書館，供有需要的學者一起使用。

《臺灣日日新報》係於 1898 年由日人守屋善兵衛併購《臺灣新報》與《臺灣日報》而成。《臺灣日日新報》創刊初期有 6 個版面，1910 年 11 月以後增為 8 版。其中漢文版通常佔有 2 個版面。自 1905 年 7 月 1 日起，報社將漢文版擴充，獨立發行《漢文臺灣日日新報》，每日 6 個版面，一時幾可與日文版等量齊觀。於 1911 年 11 月 30 日，恢復以往於日文版中添加 2 頁漢文版面的作法，直到 1937 年 4 月 1 日因應時局全面廢除漢文版。日據時代的末期，臺灣總督府把當時的六家報紙合併成為一家，叫《臺灣新報》。1945 年 10 月 25 日臺灣省行政長官公署派謝然之接收《台灣新報》，改制並更名為《台灣新生報》，隸屬台灣省行政長官公署宣傳委員會，並由台灣省行政長官公署宣傳委員會指派李萬居為社長，報名採用于右任親筆題字。

日日新報社照片

　　《臺灣日日新報》為日據時期發行量最大、延續時間最長的報紙，其出版水準為人稱道。史學家連橫、尾崎秀真等人曾經任職該報，為《臺灣日日新報》奠下良好的發展基礎。

　　國立中央圖書館臺灣分館原是日據時代的臺灣總督府圖書館。所典藏的《臺灣日日新報》並不完整，多有失漏殘缺，缺失部分如下：

　　　1. 1898 年 1 月 1 日至 5 月 5 日缺。

　　　2. 1899 年全年缺。

　　　3. 1900 年 8 月缺。

　　　4. 1904 年 9、10 月缺。

　　　5. 1905 年 7，8，9 月缺。10～12 月只有日文版。

　　　6. 1906 年至 1908 年只有日文版。

　　　7. 1909 年 9～12 月缺，1～8 月只有日文版。

　　　8. 1910 年 1～3 月缺，4～12 月只有日文版。

　　　9. 1911 年 1912 年全年缺。

　　　10. 1927 年 1 月 1 日至 20 日，4～6 月缺。

　　　11. 1928 年 6 月缺。

　　　12. 1930 年 7～9 月缺。

　　　13. 1937 年 4 月 1 日起取消漢文版。

　　臺灣大學研究生圖書館裡收藏有自大正十四年（1925 年）以後的《臺灣日日新報》。臺灣大學的前身是臺北帝國大學。大正十一年（1922）第九任總督田健治郎開始規劃成立臺北帝國大學。大正十四年（1925），第十任總督伊澤多喜男開始具體籌備相關事宜，昭和三年（1928）正式創校。因此，它的圖書館收藏了從 1925 年起的《臺灣日日新報》。

　　這份報紙諸多殘缺，而且印刷品質很差，油墨濃淡不一，印出來的版面常常模糊不清，很多地方只能用猜的。尤其是照片，常是黑黑的一團，根本無法辨視。儘管如此不理想，總比沒有資料要好得太多。

　　微捲是當時最先進的科技。把一個版面的報紙縮成一小張底片，用機器來閱讀微捲上的記載。一張底片登錄一版報紙，助理把這一版報紙縮印在 A4 大小的白紙上，字就更小，而且常模糊不清。讀起來，非得用放大鏡不可。就在這種條件下，日復一日、月復一月、年復一年的讀過去。把有用的資料，抄在工程師畫工程圖用的小方格紙上。仗著年輕眼力好，一小方格寫一個字。

盡一天之力，其實看不了幾個月的報紙，只能抄幾十條資料而已，研究生涯就在報紙堆中安靜的渡過。

　　1988 年某天半夜在史語所的研究室中，讀到昭和三年（1918）五月十日報上有一條題為〈就城隍廟爐主言〉的報導，開頭提到「自己卯年間首倡迎神繞境」。查「己卯年」是清光緒三年，西元 1879 年。才確定霞海城隍廟成立二十二年之後，方才開始有這麼盛大的迎神繞境活動，一直持續到現在，歷時一百三十三年。這條資料雖是孤證，也是彌足珍貴。

　　於是我就問：「爲什麼要在這一年舉行迎神繞境？」剛好手邊有林滿紅教授的名著《茶、糖、樟腦業與晚清臺灣》〔註1〕，其中記有上海出版的《中國海關報告書》的「淡水港」自 1868 年起的進出口記錄。拿起計算機就來算一算每年的進出口差額，得到以下的統計表：

表 1-1　1868 年至 1895 年淡水港進出口情形表

年　份	輸入金額（兩）	輸出金額（兩）	差　額
1868	510,000	270,000	-240,000
1869	490,000	250,000	-240,000
1870	560,000	400,000	-160,000
1871	700,000	510,000	-190,000
1872	720,000	770,000	50,000
1873	790,000	550,000	-340,000
1874	910,000	610,000	-300,000
1875	1,020,000	730,000	-290,000
1876	1,190,000	1,210,000	20,000
1877	1,320,000	1,430,000	110,000
1878	1,300,000	1,670,000	370,000
1879	1,550,000	2,090,000	540,000
1880	1,600,000	2,310,000	710,000
1881	1,730,000	2,410,000	640,000
1882	1,450,000	2,530,000	1,080,000
1883	1,200,000	2,340,000	1,140,000
1884	1,230,000	2,400,000	1,170,000
1885	1,760,000	2,740,000	980,000

〔註1〕　林滿紅，《茶、糖、樟腦業與晚清臺灣》，臺北市：臺灣銀行經濟研究室，1978。

1886	2,030,000	3,380,000	1,350,000
1887	2,230,000	3,370,000	1,140,000
1888	2,610,000	3,060,000	450,000
1889	2,180,000	3,090,000	910,000
1890	2,220,000	3,330,000	1,080,000
1891	2,200,000	3,100,000	900,000
1892	2,350,000	3,430,000	1,080,000
1893	3,090,000	4,770,000	1,680,000
1894	3,420,000	4,880,000	1,460,000
1895	1,900,000	1,880,000	-20,000

資料來源：Chinese Maritime Publications. 1868～1895.

從 1868 年起，淡水港的貿易逆差就不算大：1872 年首次出現順差 5 萬兩，按著是三年逆差。但是從 1876 年起，連續有十八年的順差：1876 年有 2 萬兩順差。翌年成長 5.5 倍，達 11 萬兩；1878 年，順差達 37 萬兩；1879 年達 54 萬兩。一連三年的順差，而且年年增長，當然使從事進出口貿易的大稻埕郊商雀躍不已。舉行盛大的酬神儀式成為理所當然的事。證諸以後的資料，迎神繞境原本就是郊商的謝神行動。於是，我確信「霞海城隍廟的迎神繞境是跟大稻埕的商業活動有密切的關係」。當我把理論的主幹確立起來之後，順藤摸瓜，整篇論文就有了大框架，剩下來就是填補資料的工作了。

博士論文只處理到 1920 年，霞海城隍廟的廟會進入商業廣告的時代，就戛然而止。我建立起商業與廟會的對應模式。恩師用將近一年的時間仔細的修改了幾遍原稿，改正許多不對的地方。博士論文大功告成。

自己心裡有數，我只完成了一半。由於《臺灣日日新報》缺了許多年，特別是 1908 年至 1912 年，有關的資料完全空白，那幾年的廟會有沒有重要的大事發生呢？霞海城隍廟會在 1920 年之後的發展情形如何？光復後的發展又是怎樣？為什麼這個廟會到現在已不再成為新聞報導的焦點？是什麼因素造成的呢？因應沒落的趨勢，大稻埕和霞海城隍廟本身有沒有應付的對策？要怎麼去看待這一百三十年的廟會記錄？在文化發展上又有什麼樣意義？一直想要找時間把這些缺失和不足的地方補回來，寫一本完整的霞海城隍廟會史之類的書，以謝師恩。

一恍二十年過去，一直沒有動手去改正先前的缺失。先從中央研究院退休，轉往佛光大學辦理生命學研究所，完全改了個方向。直到前年，在花木

蘭文化出版社總編輯杜潔祥的建議下，方才動了改寫博士論文的念頭。民國
九十九年學年度，有一年的學術休假，方才可以安靜的讀書寫字，來完成先
前的未竟之業。不料用力過猛，加上求好心切，不是把原先用英文寫的論文
翻成中文，而是重新寫過，是一本全新的著作。

二十年的時間，外在的助緣益加成熟。日本北海道大學典藏了完整的《臺
灣日日新報》。漢珍數位圖書公司與日本ゆまに書房（YUMANI）合作，拍攝
北海道大學的原件，製作成品質較佳的微捲，全套 340 捲。目前國家圖書
館及中研院臺灣史研究所的圖書館都典藏了這個版本的微捲。漢珍公司又以這
套影像品質清晰之微捲重製數位化檔案，以最新光學技術建置並發行電子
版，並經專業編輯部精心整理、輸入校對標題索引、提供清晰全文影像。將
微捲共計 10 餘萬頁面資料轉為通用之 PDF 格式，重現 100 年前臺灣史珍貴學
術資源。使用者不需再向館員調閱以及利用特殊閱讀機，直接網路調閱瀏覽，
檢視全文，實在是臺灣研究專家和師生的治學利器。

國立臺灣大學圖書館鑑於《漢文臺灣日日新報》的重要性，費時經年，
投入無數的人力和經費，將全報內容三千餘萬字輸入校對，經評選後，授權
漢珍數位圖書公司編輯成後設資料（Metadata），並建置成 Unicode 全文檢索
資料庫。

有了這樣的利器，坐在家中，電腦連線到中央圖書館臺灣分館（現在改
名為國立臺灣圖書館）的電子資料庫，選擇「報紙新聞」項，點進去，就可
以依照我需要的年代日期，調閱我所需要的資料。

有關光復以後的六十年，同樣也是依賴報紙，那就是《聯合報》的「聯
合知識庫」。《聯合報》從民國四十年（1951）起就有一個很棒的剪報資料室，
有二十多位工作人員，負責把《聯合報》、《經濟日報》、《聯合晚報》、《民生
報》、《星報》上的每一則報導剪下來，貼在一張 A4 的白紙上。再分門別類的
收納在不同主題的檔案夾內。這個分類做得很細，資料又是依照時間先後順
序排列，用起來很方便。這種功夫讓《聯合報》系的記者在做事件的分析時，
可以細數事件的發生和經過，不會有所偏失。累積了六十年的資料，資料量
逾 1100 萬筆，成為全球唯一擁有 1951 年至今的臺灣新聞資料庫。

這個資料庫原本是供《聯合報》系內部記者查閱資料用的。外界的研究
人員需要用公文提出申請，得到允許後，方才得以進入使用。我做一貫道調
查時，由於是跟《聯合報》的幾位記者一起合作，在他們的幫忙下，才有機

會使用這個剪報資料庫。現在這個剪報資料庫也做成了電子檔，供各界人士使用。

有了這些利器，省下每天去圖書館看資料的舟車勞頓。在個人書房中，與霞海城隍一起回溯歷史。每年報導霞海城隍廟會活動的記者，成了我的化身；每則報導都成了我的田野調查筆記。我悠遊在千百頁的電子資料檔內，慢慢的構思這本書的架構和內容。

另外一個有用的利器是臺北市政府主計室（改制為院轄市之後升格為「主計處」）每一年所公布的《統計要覽》。中央研究院民族學圖書館藏有從第三期（1950）以降歷年的《統計要覽》。本書利用這長達六十年的統計資料，來說明臺北市在人口結構上六十年來的變化，包括每一年的人口數、歷年的人口消長情形、性別比例等〔註2〕。從臺北市整體的角度來衡量大稻埕核心所在的延平區和建成區，在臺北市六十年來的發展中，他們所處的局面。在這裡，就讓數字來說話。只要看了我所編製的幾個人口數據表格，大稻埕的興衰也就隨著這些表格上的數字，深深的印入腦海中。

第二節　文化變遷是一連串的事

霞海城隍廟迎神賽會的記錄長達一百三十三年。一年又一年的讀過去，所看到的，不再是單純的歷史事件，而是一連串歷史事件，它所呈現出來的整體印象，就是「文化變遷」。

「文化變遷」是臺灣大學考古人類學系大學部的一門課。當年喬健先生教我這門課，至今還記得一些相關的理論，像是 acculturation（涵化）、enculturation（濡化）、revitalization（文化復振運動）、ghost dance（鬼舞）等。

讓我對「文化變遷」這個課題有深刻體悟是在 2003 年。那一年，經由廈門大學人類學系的介紹，參加雲南大學民族學院所主持的「中國民族村寨調查」的寫作計畫，以宜蘭縣南澳鄉武塔村的泰雅族為記述的對象，編寫武塔部落的民族誌。那時我是佛光大學人類學系的系主任。2004 年 3 月初去雲南大學交稿的時候，我在昆明與雲大計畫主持人雲南大學書記高發元教授有一席長談，知道雲南大學在民族學方面有許多長期的發展計畫，其中一項就是

〔註2〕　紙本的《統計要覽》上所登載的人口數，有時候會跟網路上所查的數據不合。由於紙本是原始檔案，因此本書以紙本的數據為主。

「記錄村寨的文化變遷情形」。高教授的高瞻遠矚，讓我佩服不已，回臺灣之後，在給學校的報告書中，記敘了雲南大學在這方面的想法和做法：

> 在 1950 年代大陸曾經做過各個少數民族的調查工作，記錄當時各民族的社會、經濟、文化狀況。50 年過去了，各民族的經濟、社會、文化都發生了變化。為什麼會發生變化？如何發生變化？卻不甚清楚，需要詳細的作調查。在九五（第九個五年計畫，1996～2000）期間，雲南大學組織了一個由 147 人所組成的龐大隊伍，到各個少數民族的村寨做調查。後來寫成 28 本專書，包括 25 本各個少數民族的民族誌、1 本田野調查記錄、1 本畫冊、1 本專題報告。

> 雲南大學的民族學是非常有傳統的，中央研究院社會所、史語所的費孝通、楊成志、吳文藻等前輩先生都曾經於抗戰期間在雲南大學做過民族學方面的研究。在文化大革命期間，不能從事實地的調查，民族學的研究轉成民族史的研究，整理史料文獻，主要的工作由江應樑先生來負責。在 1996 年提出有關民族學的發展計畫，方才再度回到民族、社會、文化的研究上來。

> 1996 年雲南大學的民族學方才設立第一個碩士點，1998 年成立第一個博士點，2000 年成為一級學科博士點，分民族藝術、民族經濟、民族法學等幾個大項。同時，大陸教育部把「西南人文社會科學研究中心」設在雲南大學。經過這樣的快速發展，使得雲南大學在民族學這個領域上，處於領先的地位，與北京的中央民族大學共居於全國第一的地位。

> 目前雲南大學有七個工作子項：

> **一、中國民族村寨調查**

> 　　雲南有 25 個少數民族，其他各省有 32 個少數民族。另外，在雲南省境內也有滿族和蒙古族，可是他們的社會、文化、經濟等各方面，已經和北方的滿族、蒙古族大不相同。因此，就另外成書來記錄之。我們這次的《武塔泰雅人》報告就是這個項目下的報告。

> 　　這個項目的經費是由北京中央所提供。工作時間是從 2003 年

的 4 月開始。在各少數民族中挑定一個村寨，田野調查人員進駐 4 個月之後，就回來寫報告。所有參加工作的人員都集中在一個渡假村，閉門專心撰作報告。這個報告完全是以這次的調查記錄爲主要資料，不需要參考其他著作，更不許沿用先前的資料。每個村寨報告的字數大約在 25～30 萬字。我們這次是由宋光宇和賴清柱兩人帶領 11 位生命所和人類學系的同學一起到南澳鄉武塔村做調查。

在這個研究項目之下，一共要出版 58 本民族誌，12 本專題（包括經濟、文化、宗教、人口、法律、風俗⋯⋯等），再加上田野調查記錄，工作筆記、畫冊。全部工作預定在 2004 年 5 月底以前出書。由雲南大學出版社負責出齊。

二、雲南民族學田野基地

在第十個五年計畫期間（2001～2005），雲南大學準備投入 400 萬元的經費，設立十個民族學田野基地，以 20 年爲期觀察少數民族的文化變遷歷程。每一個基地派一名博士生負責，找地方上退休的教師爲義工，提供些許經費，經過短期的訓練之後，就在田野基地工作，負責撰寫村寨日誌，觀察村寨之中每天所發生的事情，巨細靡遺的記錄下來。二十年記下來，就可以看出村寨的文化面貌是如何發生改變。同時，這些負責的博士生也因手頭確實掌握第一手的資料，而成爲第一流的學者，在國際上享有一定的名望、地位和影響力。

這些田野基地完全開放給世界的學者使用。基地有基本的生活設備，可以住上半年、十個月，甚至更久。所有的義工也都會幫助來自世界各地的學者從事相關的調查。來訪的學生、學者只要付出很少的生活費用，就可以得到各種幫助。

雲南各少數民族的共同難題是貧窮落後，所以這個田野基地也要對各村寨的經濟、文化發展，提供實質的幫助。目前做得最有成績的是紅河哈尼族自治州的元陽梯田風景區的觀光事業。觀光客看到有關元陽梯田的田野調查報告之後，興起前往參觀的欲望，因而絡繹不絕的前往遊覽，對當地的經濟產生很大的助益。因此，雲南省各地的鄉政府都想依據元陽梯田風景區的模式來發展當地的觀光

事業，主動表示願意提供巨額的經費，請求雲南大學前往設立田野基地。

這個項目由大學的書記高發元教授親自主持，由社會科學處處長何明負責實際行政事務。預計投入 2000 萬元人民幣。

三、雲南大學人類學博物館

由香港商人伍達觀捐贈博物館的建築。由尹少達教授負責蒐集各種實物、建立資料影片和多媒體展示廳，目標是展示、宣傳和研究為一體。

四、民族學重點實驗室

這個計畫由馬京教授負責，項目包括：

1. 少數民族語音實驗室
2. 影視人類學實驗室
3. 民族學信息資料中心

其中影視人類學實驗室由德國福斯汽車基金會支持，記錄各少數民族的實際狀況，截至 2004 年已拍攝 10 至 15 部記錄片。曾經參加德國哥廷根電影節，展示成果。

另外，由香港邵逸夫先生捐贈 1000 萬元，建立圖書館。這個圖書館將與少數民族研究中心和歷史、人類、中文等系合併成民族學院。目前正在進行這項整編工作。

五、少數民族 DNA 遺傳基因庫

目前已採集了 25 族成年男性的基因資料。這個計畫為的是要確立分辨族系的主要生物學依據。同時也希望透過基因資料的排比分析，找出某個或某幾個少數民族特有的疾病的基因原因，進而找出治療的辦法。

六、民族學基礎理論研究

這個計畫由雲南大學出版社經理施維達教授負責。主要的工作項目有四：

1. 民族文化保護與開發工程
2. 民族學理論前提
3. 民族文化資本化（市場化運作）

4. 中國民族關係史

七、民族學應用研究

主要著重在社會控制、社會穩定等課題。

在 1996 年時，雲南大學研究民族學的人員只有 30 人。2001 年時增加到 78 人。2004 年初已超過 100 人。

2008 年第 16 屆世界人類學會將在昆明召開，由雲南大學負責籌備。東華大學族群文化研究所的喬健教授是世界人類學會的理事，本校人類學系因為參加這次村寨調查計畫而獲得雲南大學的邀請，將在年中，參加籌備會議。

我曾經把這個報告寄發給臺灣的人類學、民族學同行，但是沒有獲得任何的回應。我一直在意雲南大學對於「記錄村寨文化變遷」的構想。雖然在臺灣沒有人願意做類似的研究，我願意盡一己之力來做這方面的工作。當時我沒有好的研究題材，再加上校務與教學工作繁忙，只好先把高發元教授的想法留在我的記憶中。2008 年卸下系所主任職務之後，時間較充裕，能夠靜下心來思索學術研究方面的事務，於是想到平日檢索的電子資料庫中，就有關於臺北大稻埕霞海城隍廟長達的一百三十三年記錄，是絕佳的文化變遷題材。

依照時間順序逐年翻閱這些文字資料與照片之後，我的腦海中不斷出現文化變遷的畫面，甚至沉醉到歷史時空移轉之中，自己就在現場觀賞城隍爺出巡時的廟會活動。最先呈現的是最原始的霞海城隍廟祭典的風貌，前來燒香的人潮擁擠雜沓。為了謝神，郊商裝飾了一些藝閣、蜈蚣閣、落地掃等民俗活動，跟霞海城隍的神輿一起繞境。

再來就是 1920 年前後，大稻埕的商人仿效臺南廟會的做法，開始依歷史上的傳說故事來裝扮藝閣，配合商業廣告的目的。在這種發展下，像旋渦一樣，吸引全臺灣民眾的眼光，成就了「全臺第一」的稱號。在 1928 年到 1932 年，我小時候所經歷過的臺北市風貌逐漸出現，大型商業展覽會、商品特賣會、燈光夜市（當時叫作「納涼大賣出」）相繼出現，此時迎神繞境的藝閣逐漸採用電燈做裝飾，前來觀看的人越來越多，「吃大拜拜」的習俗也就益加蓬勃發展。

這種在廟會時大吃大喝的情形在民國四十七年（1958）到達頂峰。報上說，有五十萬人在一天之內湧入大稻埕，造成棘手的交通、衛生、治安上的

問題。臺北市政府勢必要化解這種壓力，於是就開始大力壓制大稻埕的大拜拜風氣。民國六十三年（1974）時更施出「對大拜拜宴客者查稅或樂捐」的殺手鐧。民國六十四年（1975），先總統蔣公在四月五日過世。那一年大稻埕的居民很識相的自動停止了在霞海城隍誕辰時大宴賓客的行動。自此以後，就不再恢復。

此後，迎神依舊，只是不再成為轟動整個臺灣的大事，回歸成大稻埕地方的小事。不再成為新聞報導關注的焦點，回復到它原來應有的地位和角色。到了民國八十九年（2000），有新的文化元素出現，那就是「月下老人」。配合臺北市男性人口持續下降，青年男女不婚的情形日益嚴重，霞海城隍廟的這種轉變，是非常切合時代的需要。

這就是文化如何變遷的實例。在這裡，沒有高調的理論，也沒有古怪難懂的名詞，只有一連串的事實所呈現的文化變遷軌跡。這個軌跡不存在於有形的、可供觀察的物質世界，只存在有心讀這本書的人的心中。只要跟我一樣的用心觀察，就可以印證我所言不虛。

第三節　臺灣的宗教市場

在這裡，用「宗教市場」這個名詞，對神明有些不敬，但是又找不出更恰當的名詞來形容各種宗教在臺灣的發展狀況。雖然不敬，為了行文方便，也就只好得罪了，姑且用之。

我曾經從數量的角度，檢視過臺灣各地寺廟發展情形。在康熙五十五年（1716）以前，臺灣共有 249 間寺廟。從康熙五十五年到嘉慶二十一年（1816），百年之中全臺灣一共興建了 1,066 間寺廟。從嘉慶二十一年至光緒十二年（1886）臺灣建省之前夕，七十年內有 1,545 間新建的寺廟。在日據時代昭和十一年（1936）時，日本人曾經調查統計過，當時臺灣有 3,700 多座寺廟。

國民政府向來以「破除迷信」為職志。「宗教」是迷信的大本營。因此，內政部在初遷臺灣的時候，就大力批判民間的各種宗教活動，也不做任何相關的記錄和統計。直到民國六十七年（1978）在內政部公布的各類統計資料中，方才有「宗教」這一項。把能夠找到的資料匯整成表1-2。

表 1-2　1960 年至 2009 年臺灣地區寺廟、教堂統計表

年度	佛教	道教	基督教	天主教	理教	夏教	軒轅教	天帝教	天德教	一貫道	回教	巴哈伊教	天理教	其他	總計
1960	838	2,947												55	3,840
1966	1,103	3,322												351	4,786
1975	1,231	4,084			6	2								13	5,338
1981	1,279	4,229			6	2	1							21	5,539
1984	1,710	6,955	2,403	848	368		20						101	23	9,177
1985	3,261	7,116	2,403	442	368		20						63	28	10,856
1986	3,265	7,224	2,285	859	368		20						101	27	11,005
1987	3,265	7,353	2,346	859	368								105	23	11,128
1988	3,345	7,461	2,422	818	368		14						105	27	11,320
1989	4,011	7,959	2,437	1,151	49		15						109	47	12,250
1990	4,020	8,044	2,437	1,794	99	0	16	33	16	64	5	2	118		16,597
1991	4,020	8,084	2,386	1,761	113	0	19	35	34	64	5	2	126		16,676
1992	4,020	8,095	2,422	1,796	103	0	18	40	3	85	5	5	145		17,025
1993	4,020	8,134	2,680	1,796	108	0	21	50	3	85	5	4	121		17,020
1994	4,020	8,292	2,683	816	117	0	21	51	3	86	5	2	125		16,220
1995	3,938	8,292	2,683	816	125	0	18	1	4	87	5	-	140		16,158
1996	1,834	7,289	2,683	748	5	0	7	1	4	85	4	2	14		12,367
1997	1,846	7,367	2.374	741	5	0	7	1	5	91	4	2	14		12,450
1998	1,852	7,414	2,368	736	5	0	7	1	5	91	4	2	16		12,492
1999	1,858	7,446	2.359	743	5	0	7	1	5	91	4	2	16		12,548
2000	1,904	7,415	2,370	707	5	0	6	1	5	93	4	2	18		12,414
2001	1,966	7,741	2,387	730	5	0	6	1	5	108	4	2	17		13,000
2002	2,279	8,954	2,452	742	5	0	7	1	5	147	5	2	17		14,616
2003	2,283	8,973	2,516	733	5	0	7	1	5	175	5	2	18		14,723
2004	2,227	8,932	2,412	708	5	0	8	1	5	193	5	2	20		14,636
2005	2,248	9,030	2,439	675	5	0	8	1	5	191	5	2	21		14,654
2006	2,262	9,080	2,444	678	5	0	8	1	5	194	5	2	21		14,730
2007	2,281	9,137	2,457	697	5	0	8	1	5	196	5	2	20		14,840
2008	2,291	9,202	2,507	717	6	0	8	1	5	200	5	2	21		14,993
2009	2,308	9,249	2,539	746	6	0	8	1	5	201	5	2	22		15,118

資料來源：歷年統計年鑑（1960～2009）

說明：1. 1984 年到 1986 年的「其它」項目包括回教和大同教。

　　　2. 1987 年和 1988 年的「其它」項目包括回教、大同教、和天帝教。

　　　3. 1989 年的「其它」項目包括回教、大同教、天德教和天帝教。

這個表格的「道教」，包容了各式各樣的民間信仰在內，是最大的一個「教派」。也是近二十年來發展最快的宗教。霞海城隍廟登記在「道教」的名下。

我很早就發現寺廟數量跟臺灣經濟發展是有「正相關」的對應關係。根據內政部公布的數據，我們看到佛教和道教在 1980 年後的兩三年，都出現了一種寺廟大幅「躍昇」的現象。在佛教方面，圖 1-1 所列的三個時段顯示佛寺的增加相當緩慢。但是從 1981 年到 1984 年，增加了 431 座寺廟；從 1984 年到 1985 年的一年之中，更增加了 1551 間，其後又是呈緩慢增加的趨勢。

在道教方面，由於傳統的社區寺廟都歸入道教的範疇，以致它的寺廟數量一直超過佛教很多。在表一所列的三個時段中，每一時段大致增加 700 間寺廟。可是在 1981 年到 1984 年，突然增加了 2726 間寺廟。其後的四年間，則呈現穩定的上升狀態，一共增加了 843 座。佛道兩教寺廟的增加情形用曲線圖表示如下圖。

圖 1-1　1960～1989 佛道兩教寺廟數量的上　變化情形圖

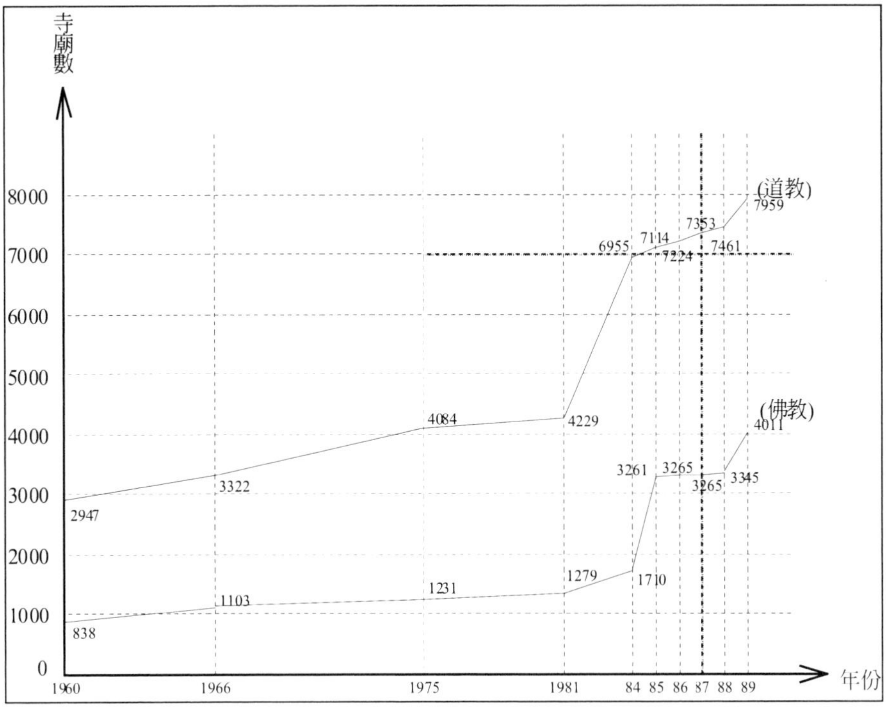

　　面對這樣佛道兩教共有的「躍昇」現象，值得研究的是這種「躍昇」現象究竟代表什麼意義？在找尋這個問題的答案時，有幾方面事項需要注意。第一，建廟是件集腋成裘的事。佛教僧尼是要靠「化緣」的方式；或是利用「趕經懺、做佛事」的辦法，來廣結善緣，慢慢的累積資財，鳩工興建。僧尼若是不能達成這個目標，就只好在大廟裡「掛單」。因此，佛寺數量增加，至少表示是有相當數量的僧尼可以獨立擁有屬於他自己的寺廟。道教寺廟的興建大都由地方上頭面人物出面號召鄉親父老兄弟出錢出力，頭面人物的號召力愈強，神靈愈顯赫，則所能募得的資財也就愈多，連帶的也更強化地方頭面人物的聲望和影響力。在這種情形下，一個私人神壇很容易在地方頭面人物的支持下，逐漸發展為一座大廟。

　　第二、建廟是件曠日費時的事，從發起到建成需要經過一段很長的時間。1970 年代初期的寺廟劇增現象，是要靠前面十幾二十年的努力和累積。因此，要想分析這個躍昇現象，就必需要注意前面十多年的社會經濟環境。

　　第三、臺灣民間有「佛道不分」的現象，以致於佛教和道教的分野日趨泯滅。一般民眾常是逢廟就拜，見神就磕頭，心中所祈求的無非是個人或家庭的平安吉利。比較明顯的差異是超薦亡靈常用正統的佛教儀式，平時搬家、安座、除煞、改運、開張、結婚、甚至出殯、入土等「人生大事」常是由道士來做儀式。因此，佛道兩教已經跟一般人的日常生活打成一片。在這種情形下，討論佛道兩教的信徒人數有多少，就變得沒有什麼意義了，寺廟數目的消長反而可以表現出社會上宗教的實際狀態。

　　我們對這種「躍昇」現象的解釋，主要是從社會經濟的角度入手。1970年代，是臺灣由貧入富的轉型期。1971 年時，臺灣平均每人國民生產毛額是443 美元。1978 年時為 1,577 美元；1979 年為 1,920 美元；1980 年為 2,344美元；1981 年為 2,669 美元。十年之間，臺灣地區的平均國民所得增長了六倍。在 1981 年到 1985 年之間，呈緩慢成長，隨後又是五年的快速上升。用曲線圖來表示時，則看到這條曲線呈兩階段上升的局面。

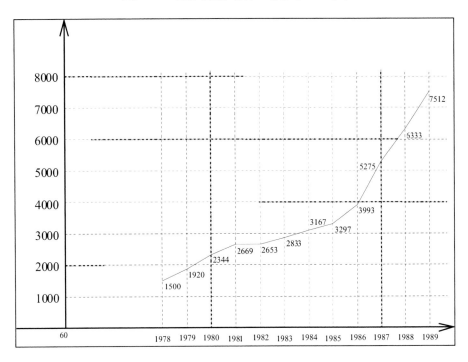

圖 1-2　臺灣國民所　成長　　圖

當我們把「佛道兩教寺廟數量變化圖」和「國民所得成長走勢圖」合起來看時，就會發現兩者之間有密切的對應關係。大致說來，是經濟發展在先，隔三、四年，就有新設寺廟的高峰出現；反之，經濟發展有段時間遭到停頓情境，也要在兩、三年後停頓情境才會反應到寺廟發展上。

1970 年代，臺灣的經濟發展迅速，使得人們有足夠的財力去建廟。這些寺廟在 1981 年前後相繼落成，造成 1981 至 1985 年間的寺廟數量躍昇的現象。但是，1981 年到 1985 年，在經濟發展上，出現緩慢成長的現象。人們捐資建廟的意願隨之降低，在 1985 年到 1988 年寺廟的興建數量就明顯的降低了很多。從 1986 年起連續六年在經濟上呈現飆漲的態勢，寺廟數量也在三年後（1988 年）呈現上揚。〔註3〕

這是我剛進入中央研究院不久所做的研究，後來經過幾次擴充，基本的論點沒有什麼改變。本書所呈現的各章資料更加強了這個觀點。〔註4〕

〔註3〕 宋光宇，《臺灣史》第十八章〈宗教信仰及其社會文化意義〉，頁 393～394，2007。
〔註4〕 相關的資料請參閱宋光宇，〈四十年來臺灣的宗教發展情形〉，《臺灣經驗（二）

第四節　城隍信仰

本書的主角是霞海城隍。在此，先就中國歷史上的「城隍」做個整體的觀察，再來看「霞海城隍」的地位究竟如何。

「城隍」是指兩件事。「城」是指「城牆」，「隍」是指「乾的護城河」〔註5〕。兩字合用，始見於東漢班固的〈西都賦〉：「京都修宮室，浚城隍」後來的《梁書》〈陸襄傳〉提到「帥民吏修城隍爲備禦。」唐代的寒山詩：「儂家暫下山，入到城隍裡。」都是指城池或都市的意思，沒有任何「神明」的意味。

有關城隍神的起源，眾說紛紜。有起源於帝堯時者〔註6〕，有出於古禮國門之祭者〔註7〕，有起源於漢代者〔註8〕，鄧嗣禹都認爲是證據不足以採信〔註9〕。從史料來看，城隍變成一種信仰，立廟祭祀，應該是在三國時候。蕪湖有城隍廟，相傳建於三國時代東吳大帝孫權的赤烏二年（239）〔註10〕。南北朝時，北齊的慕容儼和南梁的武陵王都曾經祭祀過城隍。慕容儼在戰事緊急時向城隍祈禱事，著錄在正史上。《北齊書》〈慕容儼傳〉云：

> （北齊文宣帝高洋）天保三年（552），……儼鎮郢城，……梁大都督任約，率水陸軍奄至城下，……又於上流鸚鵡洲上，造荻洪，竟數里，以塞船路。人信阻絕，城守孤懸，眾情危懼。城中先有神祠一所，俗號城隍神，……乃相率祈請，冀獲冥佑。須史，衝風欻起，驚濤涌激，漂斷荻洪。約復以鐵鎖連緝，防禦彌切。儼還共祈請，

社會文化篇》，頁175～224，臺北市：東大出版社，1984。宋光宇，〈當前臺灣民間信仰的發展趨勢〉，《漢學研究》，2卷1期，頁199～234，1984。

〔註5〕　《說文解字》：「墉，城垣也。城，以盛民也。隍，城池，有水曰池，無水曰隍。」

〔註6〕　王崇簡，《冬夜箋記》說鈴本，頁25。孫承澤，《春明夢餘錄》古香齋本，卷22，頁4。

〔註7〕　宋，羅濬等《寶佑四明志》「城隍」條云：「古者諸侯既立社稷，又爲國立五祀，曰：司命、曰中霤、曰國門、曰國行、曰公厲。」鄭氏（玄）謂：「國門爲城門」，則今之城隍是也。」

〔註8〕　元，王惲〈汴梁路城隍廟記〉：「汴梁之廟祀城隍，其來尚矣。……世說秦功臣馮尚，見夢於漢高帝曰：『奉天帝夢與王知，領城隍陰事。』雖儻侃不可致詰，然自漢至今，遂爲天下通祀。」《秋澗文集》卷40頁13，四部叢刊本。

〔註9〕　鄧嗣禹，〈城隍考〉，《史學年報》第2卷第2期，頁249～276。又收入黃培、陶晉生主編，《鄧嗣禹先生學術論文選集》，頁55～95，臺北市：食貨雜誌社，1980。

〔註10〕　宋，趙與峕《賓退錄》，卷8，頁51。

　　風浪夜驚，復以斷絕。如此者再三，城人大喜，以爲神助。〔註11〕

　　這件事又見於《南史邵陵王倫傳》、《魏書孝明紀》、《隋書五行志》。鄧嗣禹因而說：「余按此種傳說，既一見於北齊書，二見於南史，三見於北史，四見於隋書，又有南雍州記爲旁證，其傳說的價值，雖不必高於稗官小說或方志所載，而皆唐以前書，則謂城隍之起源，始於六世紀中葉，或始於齊梁之世，當可無疑也。」〔註12〕David Johnson 認爲城隍的出現，表示中國人有了新的宗教觀。〔註13〕

　　城隍神是有姓名的。戰國時楚國的春申君就是傳說中的城隍神。唐代的吳郡太守趙居貞在〈春申君廟碑記〉提到：「春申君正陽而坐，朱英配饗其側，……宜正名於黃相，削訛議於城隍。」趙居貞認爲「春申君」和「城隍」是兩回事。可是在宋代范成大的《吳郡志》中，就直接認定「春申君」就是「城隍」。

　　除了春申君之外，還有楚漢相爭時，代劉邦而死的紀信。宋代的《輿地紀勝》記：「英德府在城隍廟，其神漢紀信也。」陸游在《寧德縣……廟記》云：「謂故時祀紀侯爲城隍神，莫知其所以始。」先是有所懷疑，幾經傳抄，就變成肯定。《寶佑四明志》也說：「俗傳神姓紀名信。」以後的《皋蘭縣志》、《漢中續修府志》、《鄞縣志》、《潼川府志》等，都不再懷疑。

　　又有灌嬰之說。唐代劉驤在〈袁州城隍廟記〉云：「袁古之城壁，……大將軍灌嬰所築，……古今得以灌將軍稱祀焉，……所以報其固護城池，而福及生人也。」〔註14〕

　　又有祀龐玉之說。後梁開平二年（908）吳越王錢鏐在〈重修牆隍廟記兼奏進封崇福侯廟記〉中提到：「故唐右衛將軍總管龐公諱玉，頃握圭符，首臨戎政，披榛建府，哺綏仁民。……屬牆愛戴，黔庶謳謠，尋而罷市興蹉，餘芳不泯，眾情追仰，共立嚴祠。」〔註15〕龐玉的生平行誼見《新唐書》〈忠義龐堅傳〉。清代的顧炎武、朱彝尊、錢大昕、洪頤煊、陸增祥等人，都考證過龐玉的故事。

〔註11〕　《北齊書》卷 20。
〔註12〕　鄧嗣禹，同前註，頁 59。
〔註13〕　Johnson, David, "The City-God Cults of T'ang and Sung China", Harvard Journal of Asiatic Studies, Vol. 45: number 2, pp. 363-457, 1985.
〔註14〕　劉驤，〈袁州城隍廟記〉，《全唐文》，卷 802，頁 7。
〔註15〕　《金石粹編》，卷 119，頁 2。

從這三個故事來說，紀信是肯爲主人劉邦犧牲，春申君和龐玉都是「造福人民」。這兩項事功，成爲後世景仰、崇奉的焦點。有更多的城隍神，雖然也有名有姓，但一半以上是無名之輩。鄧嗣禹整理各方資料，把城隍的姓名資歷做成一個表格。轉錄如下：

編號	姓名	崇祀理由	地域	備考
1.	蕭何	不詳	河南南陽、襄陽、穀城	鮑至〈南雍州記〉，《賓退錄》卷 8 頁 54。
2.	春申君	初城吳郡，並嘗至蛇門，以禦越軍。	江蘇吳縣	見前書。
3.	紀信	以死脫漢高祖之圍，唐人嘉其忠，故廟祀之	鎮江、太平、華亭、蕪湖、漢中、鄞縣、潼川……	同上。
4.	灌嬰	築袁州城壁	江西各縣多祀之	同上。
5.	龐玉	嘗守越州，惠澤在民，邦人追懷，故祠祀之	浙江山陰	同上，又見《會稽志》炵卷 6 頁 4 下。
6.	范增	不詳	安徽和縣	《賓退錄》卷 8 頁 54。「袁州爲范增。」
7.	英布	不詳	江蘇儀徵，六合	同上，「眞州六合，以爲英布。」
8.	姚弋仲	不詳	湖北新陽	同上，「興國軍爲姚弋仲。」
9.	蘇緘	殉難邕州，邑人祀之	廣西邕寧	《宋史》忠義傳。
10.	范旺	守城死		同上。
11.	馮尙	不詳	河南開封	元王惲〈汴梁城隍廟記〉。
12.	周苛	不詳	浙江永嘉	《賓退錄》《求古錄》。
13.	龍且	不詳	四川潼州	《潼川府志》卷 5，頁 37。
14.	桓彝	不詳	安徽宣城	《太平廣記》卷 303，頁 1 下。
15.	白季康	不詳	江蘇溧水	《賓退錄》「溧水白季康，唐縣令也。」
16.	趙汝蘭	生爲太守，死作城隍	湖南澧縣	宋洪邁《夷堅志》後集二，第 155 條。
17.	李異	有德於民，去郡而卒，相傳爲城隍神。	安徽舒城	《賓退錄》。

18.	屈垣	生布神變，能生雲雨，後以故居爲州治，祀爲城隍神	浙江臨海	《輿地紀勝》，《賓退錄》。
19.	秦裕伯	不詳	上海	《嘉慶松江府志》《上海縣志》《庸閒齋筆記》。
20.	周新	永樂中爲御史，以剛直不阿喪命，謂上帝命爲城隍	浙江杭州、嘉興、紹興，廣東南海	《琅琊代醉篇》《七修續稿》《嘉興府志》《康熙錢塘縣志》《吳山城隍廟志》。
21.	茹侯	英烈忠毅	浙江定海	《大德昌國州圖志》頁 15，《賓退錄》。
22.	應知頊	屯兵置柵，保障一方，生爲刺史，死爲城隍	江西高安、應城	乾隆《南昌府志》卷 22。《賓退錄》。
23.	張松漢	明太祖鄱陽湖之役助戰，自云鄱陽城隍	湖北黃陂	同治《黃陂縣志》卷 2 頁 34 上。
24.	沈恩	爲官忠直，崇禎六年敕命爲城隍	江蘇青浦	光緒《青浦縣志》卷 3 頁 12。
25.	劉疆	創縣治，卒後邑人思之，爲立廟	福建古田	乾隆《福州府志》卷 15 頁 1 下。
26.	楊公	宰是令，尋卒。邑人夢爲邢臺城隍	河北邢臺	《順德府志》卷 15 頁 45。
27.	游茂洪	功德在民，民祀之以爲城隍神	江西建昌	《賓退錄》，《建昌府志》卷 9 頁 33 下。
28.	陳正中	爲人刻意廉苦，甫歿即見入城隍廟。	福建上杭	黎士弘《仁恕堂筆記》頁 10。
29.	胡鵬南	不詳	福建連江	李調元《淡墨錄》卷 13 頁 1。
30.	朱亮祖	不詳	安徽寧國	明吳肅公《廣祀典議》頁 3 下。查《寧國府志》，無此一說。
31.	毛國鑑	不詳	江西省城隍	敦靈等編《照心寶鑑》卷 2 頁 10。

　　這個表格顯示一個事實：中國人把一些有「保護地方功績的人」奉爲「保護地方的神」。得到當地人民的崇奉。只是，奉祀者的範圍有限，大概只在當地，不太會發展成跨地域的信仰圈。而且，「城隍」是一個集合名詞，各地都有其保護神，各地有各地的城隍。

　　唐代開始有祭城隍文。查《全唐文》，在開元五年（717），張說就寫過〈祭城隍文〉。這是第一篇祭城隍文，顯示在唐玄宗開元年間，城隍信仰已經很盛行，才會有官員依國家的祀典來寫祭文。在《全唐文》中，寫過祭城隍文的

人還有張九齡、許遠、韓愈、杜牧、李商隱等人。其中，以李商隱的九篇祭城隍文為最多。綜觀這些祭城隍文的內容，最多的祈求是求雨、求晴。其次才是禦盜攘災。主持這個儀式的官員以荊、洪、潮、黃、兗、懷、桂等州為多。雖然是祈求，可是所用的語句卻不太恭敬。例如：李白在〈鄂州刺史韋公德政碑〉中提到，鄂州大水，幾乎要淹過城頭，刺史韋公「抗詞正色言於城隍曰：『若一日不雨，吾將伐喬木，焚清詞。』精心感動，其應如響。……驟欲致祭，公又盱衡而稱曰：『此淫昏之鬼，不載典祀，若煩國禮，是荒巫風。』」〔註16〕李陽冰在〈縉雲城隍廟記〉也有「五日不雨，將焚其廟」這類狠話。可見在唐代，這些文人對於城隍的態度是相當輕蔑的。

在唐代，城隍開始有了塑像。歐陽棐在《集古錄跋》提到：「居貞廣其制，更易塑像，以天寶十年（751）立。」可以確定是在唐玄宗的天寶年間，已經有城隍的塑像。至於封號，是在唐昭宗光化元年（898），下詔封華州的城隍神為「濟安侯」。〔註17〕

在五代時，有關城隍的封賜越來越多。後梁開平二年（908）吳越王錢鏐曾在鎮東軍（今紹興）臥龍山上，重建城隍廟，奏請以故唐右衛總管龐玉為城隍神，封崇福侯，撰文並勒石廟中，文見《金石粹編》。文中有「殿堂降邃，儀衛精嚴，式修如在之儀」「重增儀像」等句，顯示那時已經有很宏偉的廟宇，有城隍的塑像。

《宋史・禮志》記載：「建隆元年（960）太祖平澤路，仍祭城隍，征揚州河東，並用此禮。……四年十一月，詔以郊祀前一日，遣官奏告……城隍如儀。」宋太祖在即位之初，就把城隍納入國家的祀典，成為國家正式認可的神明。地方官在到任的三天之內，一定要進謁當地的城隍廟。

元代更進一步的為城隍加上許多封號。在《元史》中記載元世祖至元五年（1268），大都（現在的北京）建城隍廟。文宗天曆二年（1329）八月，詔封上都的城隍為「護國保寧王」，夫人為「護國保寧王妃」。〔註18〕在虞集的〈大都城隍廟記〉對這些事有比較詳細的記載：

世祖至元四年（1267），……始城大都。七年，大臣劉秉忠等言，大都城既成，宜有明神主之，請立城隍廟，上然之。……兆於城西南

〔註16〕《全唐文》，卷35，頁11。
〔註17〕張瑀，〈華州城隍神新廟記〉，《金石萃編》卷156，頁3。
〔註18〕《元史》〈世祖本記〉。

隅，……城隍之廟，設像之祠之。封曰祐聖王。……天曆二年二
月，……皇后遣內侍傳旨，……九月……趙世安等奉敕封神，曰「護
國保寧祐聖王」，其配曰「護國保寧祐聖王妃」。〔註19〕

這就是現北京都城隍廟的起源。城隍一如人世，也有妻室。這種現象在
宋代就有了，到了元代更同時受封。

元代的城隍廟就已經有了迎神賽會的記錄。在余闕所寫的〈安慶城隍廟
碑〉就提到「五月之望，里俗相傳，以神生之日也。民無貧富，空巷閭，出
樂神，吹簫伐鼓，百戲遊像，輿於國中。如是者盡三日而後止。」由此可見
現在的霞海城隍迎神賽會淵遠流長，歷史悠久。

明太祖立國後，就下詔「天下有城池者，咸建（城隍）廟宇。」〔註20〕洪
武二年（1369）正月丙申，明太祖對禮官說：「明有禮樂，幽有鬼神，若城隍者，
歷代所祀，宜新封爵。」於是召封京都城隍神爲『承天鑒國司民顯聖王』、在北
京的城隍神爲『承天鑒國司民靈佑王』。〔註21〕在各府的城隍封公，各州封侯，
各縣封伯。又從禮官之請，把城隍和太歲合祀一壇，春秋祀之。

洪武三年（1370）下詔定制，京都的城隍祭大厲，每年清明和十月朔日，
以都城隍主祭。對於城隍神的封號旋封旋去，只稱「某某州、某某府、某某
縣城隍。」明太祖又下令：「凡府州縣新官到任，必先齋宿城隍廟，謁神與誓，
在陰陽表裡，以安下民。」〔註22〕六月二十日，明太祖又對城隍廟的陳設有
所規定，「俱如其公廨，設公座筆硯，如其守令，毀其塑像，异置水中，取其
泥塗壁，繪以雲山，其在兩廡亦如是。」

清代一直沿用明代的規制，沒有改變。在有關的史料中，城隍誕辰時舉
行熱鬧的廟會，迎神繞境，在明清時代已是普遍的現象。在《都門彙纂雜詠》
中有一首詩，描寫當時北京的熱鬧景象：

　　十月城隍又出巡，旌旗蔽日少風塵。

　　可憐多少如花女，愛作披枷帶鎖人。

這種景象跟本書所描述的霞海城隍迎神賽會大同小異。小異之處是城隍
出巡的時間在十月，不是五月。大同之處是有抬神像出巡、遊行街市、女人

〔註19〕《道園學古錄》，卷23，頁4，四部叢刊本。
〔註20〕《交城縣志》卷9，頁27。
〔註21〕《大明太祖高皇帝實錄》卷38，頁5。
〔註22〕《春明夢餘錄》卷22，頁5。

帶枷贖罪、有很多的旗幟。只是沒有提到是否還有其他的神像隨行。

　　以上簡單的記述了城隍信仰的歷史發展。本書所記述的霞海城隍廟會，應該就是承襲這個悠久的歷史傳統，而有新的變革。

第五節　廟是用來團結各方人士

　　我一直認為，研究宗教的重點是人，不是神。神是不言不語的，只有人憑兩張嘴皮在說黃道黑。離開了人，就不能真正窺知宗教在做什麼。不過，這種認知不見容於現在的學術圈。

　　從「人」的角度來看寺廟、祠堂等組織，依我長期的觀察，得出一個公式，那就是說：「祠堂是為了團結同姓，寺廟是為了團結異姓。」

　　為了團結同姓的族人，就設立祠堂，共同尊奉傳說中的共祖。像「劉關張趙」四姓，以三國演義的故事為根據，在東南亞各地，成立了「隴岡宗親會」。姓黃的，都尊奉楚國的春申君黃歇。姓李的，都共用「隴西堂」的堂號，尊奉老子李耳為共祖。每一年舉行隆重盛大的祭祖大典，把共祖傳說慎重其事的反覆誦唸，加強族人的共同記憶。在會後，合族聚餐，其樂融融。這種現象在目前的新加坡、馬來西亞、泰國、印尼、菲律賓等地，依舊盛行。

　　異姓的人就不太容易用「祠堂」來團結。除非剛好有一個合適的故事，如三國時的桃園三結義。怎麼辦呢？最簡單的辦法，就是先籌募一筆基金，共同祭祀一尊神明，而後再建一座供奉這尊神明的廟宇。而且是父以傳子，子以傳孫，世代不絕。這在我四十多年的宗教實地調查中，屢見不鮮。

　　查到一則有關日據時代有些基金在管理上出現爭議的報導，是這樣寫的：

> 前清時代，舉凡同途生理，欲結團結者，則組織諸同人，釀出基本
> 金，建立店屋產業等，共立一神像。歷年以基本金所生息者，演戲
> 祀神，設筵團體中人飲宴。並卜筶定爐主，即將其基本金等交過其
> 管理。改隸之後，風雲流散。爐下少數，竟中強有力者，遂霸而不
> 為輪值。此次因迎鎮南媽，各途生理甚然有起色，各商團裝飾詩意
> 故事，爭奇鬥巧。有公金被人吞沒者，群起出為計較。如市內米商
> 數以百計，向有四團體，有某團體基本金，被某甲飽下私囊，已歷
> 十餘年，近因其同人向彼理論，置而不理，現已訴訟在案。諸如此
> 類，擬欲提訴訟者，尚有數商團。〔註23〕

────────────────

〔註23〕〈商團訴訟〉，《臺灣日日新報》第6082號，日刊第4版，大正六年（1917）

　　一般有關寺廟起源的記載，在日據時代的寺廟臺帳，只是簡單的記錄：「街庄民共建之」，含糊籠統的帶過。學者通常不會再去深究。這則報導的開頭幾句，很清楚的點明，地方的商人為了團結合作，就捐一些錢，成立一個基金，購置屋宇產業，共同迎奉一座神明，每年在神明誕辰之日舉行祭祀，會後一起聚餐，這就是清代街庄居民建立寺廟的基本由來。

　　有了基金、寺廟和神明之後，每年都要在祭典的最後一個項目，以擲筶的方式，選出下一年的主事爐主。有資格參加爐主選拔的人，往往就是最先創立寺廟的那些人以及他們的後代子孫。

　　在臺北市政府的認知中，合法登記者是「寺廟」，無法辦理合法登記者是「神壇」，本質上其實是一致的寺廟往往是從神壇一步步發展而成的。我在2011 年帶領工作團隊做臺北市的《松山區志》時，就發現中崙市場一共產生了三間神壇、兩個神明會。事情是這樣的：

圖 1-3

中崙市場旁的神壇慈賢宮（作者自攝）

　　依據〈臺北市松山區中崙慈賢宮沿革誌〉上的記載，民國七十五年（1986）三月社區居民和中崙市場內的攤販發起到南部幾個大廟進香，途中與會者都討論到如果在社區中能建一座媽祖廟，除了每年可以舉辦進香活動之外，更可以祈求媽祖隨時庇佑，同時更能增加社區居民彼此情誼。同年七月二十五日中崙市場舉行普渡法會，由李東輝、顏德海、黃耀西等人提議，籌備建宮委員會，

六月四日。

以募款方式進行。林宗欽表示家中所供奉的天上聖母曾顯靈指示要建立宮廟，以普渡眾生，於是林宗欽獻出聖母金身，徐豐守女士雕刻鎮殿媽祖。（圖1-3）

民國七十六（1987）年六月五日鎮殿媽及所有神像都到鹿港天后宮進香，並由蒲金助法師為之開光。二十九日子時舉行安座大典。房舍是由林宗欽所提供。

民國七十七年（1988），籌備管理委員會用新臺幣二百萬元向林宗欽買下，作為宮產，為信眾所公有。

一個市場內，可以同時有幾組人馬在供奉不同的神明。當一組攤販從中崙市場內分出去之後，市場內的另外一組攤販再發起到臺南縣鹿耳門天后宮，分靈迎請天上聖母，每年輪流卜筶選出頭家爐主，迎奉回家供奉。後來供在樓梯間。民國八十年，方才在市場的屋頂加蓋興建慈崙宮。現在主要的活動是三月媽祖生日前後，組團回鹿耳門天后宮，俗稱「媽祖回娘家」。同時舉辦法會。中元節舉辦普渡。每年有「點平安燈、安太歲」等活動。平日也請法師前來做法事，為信者辦理祭解活動。

目前在中崙市場內，還有兩組奉請神明的活動。在二樓的豬肉攤販之間，還在輪流供奉玄天上帝。玄天上帝，簡稱上帝公。在臺灣的民間的傳說中，玄天上帝並非一位王子，而是一個屠夫。有一天，這位屠夫忽然得到神明的指點，決定放下屠刀，潛心向道。為表示修道決心，他開腸剖肚，把肚腸丟入河中（一說是屠宰所得的豬腸、豬肚），因而得道。他得道之後，他的胃變作龜仙、腸變作蛇仙。龜蛇兩仙四處作祟。於是玄天上帝就向醫療之神保生大帝借寶劍鎮壓兩仙（一說是向呂洞賓借寶劍），以他的屬官，三十六官將，作為抵押。終於收服龜蛇。事畢，為了怕龜蛇兩仙不受控制，玄天上帝日夜持劍，再也不肯還給保生大帝。這就是臺灣民間塑像中，玄天上帝總是赤腳踏著龜蛇，手緊握著無鞘劍之原因。假如他一放下劍，劍就會自動飛回保生大帝的劍鞘。而保生大帝廟則配祀三十六神將。但是現今的臺灣廟宇當中，玄天上帝之廟宇仍有配祀三十六官將。也因為這個傳說非常風行，在臺灣，肉品業者、屠宰業者皆奉玄天上帝為其職業的保護之神，故在各大屠宰場、肉品市場往往奉祀有玄天上帝的神像。中崙市場的肉商也就服膺這個傳說，相邀迎奉玄天上帝。可是這個玄天上帝神像只是供奉在爐主的家中，在中崙市場中，沒有特別的供奉。因此沒有照片。另一組是一樓的菜攤，也是以每年卜筶的方式，輪流供奉福德正神。現在有一位攤販把他的攤位讓出來，正

式供奉福德正神（圖1-4）。但是還沒有到另建新廟的境界。

圖 1-4

中崙市場內新出現供奉福德正神（土地公）的神壇

　　這四組神明會都只有祈禱和進香，沒有「問事」「辦祭解」的能力，於是在市場的正後方就有了可以「問事」「辦祭解」的金母瑤池慈惠堂，主持人是周思量。他自述是神明前來找他為神做事，而且是不能推辭，於是他在丙戌年（民國九十六年）從花蓮吉安鄉的慈惠堂迎奉王母娘娘，安奉在三樓自己家中，供為親朋好友和信奉者前來問事，辦理消災解厄等事。後來，前來問事的人越來越多，三樓地方狹隘，不敷使用，方才搬到一樓，方便前來問事的人。現在每週六晚上七點固定開壇，供信眾問事。環顧中崙市場四週的幾間宮廟都沒有相同的辦事祭解，天瑤慈惠堂成為當地唯一可以讓信眾問事的宮廟。

　　從中崙市場的例子來看，臺灣各地寺廟最原始的形態，應該就是「在家中輪流供奉」。而後才有固定的寺廟。霞海城隍廟的最早的起源也就依照這個模式在做。最早是供奉在陳金絨的家中。清咸豐三年（1953）「頂下郊拼」之後，失利的同安人，攜帶霞海城隍的神像逃到大稻埕，寄居在林佑藻家中。咸豐六年（1856），街民共同捐款，在南街興建「霞海城隍廟」。越三年，廟乃落成。這裡所說的「街民」，應該就是大稻埕的各家商店。

　　霞海城隍廟既然是大稻埕的商人所建。它的發展自然也就跟大稻埕的商業有密不可分的關聯。因此，本書完全從「人」的角度切入，探討它與當時的社會、經濟等方面的互動情形。

第六節　微觀史、文化史和生活史

　　臺灣各地充斥各式各樣、大大小小的廟宇，各個廟宇的香火都很旺。中央研究院的院區內，有一間原先附近居民所供奉的土地廟，隨著院區的擴大，被劃入研究院的院區內，但是依然是附近居民的信仰中心。每天早上有很多健行的市民，向土地公上香行禮。初一、十五時，有更多的市民前來上香，鮮花水果放滿供桌。因此，「禮教神明」、「廟會」根本就是民眾日常生活的一環。它完全不符合宗教學上界定「宗教」的四個標準：主神、教義、教會、信眾。有關土地公、霞海城隍、媽祖、關聖帝君、包公、玄天上帝……等「信仰」，沒有具體的教義，也沒有可以講經說法、集會行禮的教堂，更沒有像西方教會那樣的信徒組織。可是在我們日常的生活中，這些「信仰」是有力量的，支配了民眾的生活習慣。因此，在這本書中，不再把霞海城隍的廟會當成是「宗教」，而是一般民眾的日常生活。這本書不再只是一本討論宗教現象的書，而是一本檢視民眾日常生活的「生活史」、「文化史」。

　　由於只寫霞海城隍的廟會，因此是一種微觀的研究。可是所涉及的層面不是微小的，而是全世界的。整本書的敘述設計是先談臺北這塊土地。從西洋、東洋各國所繪製的世界地圖，來看臺灣這塊土地的形象，才認識到臺北盆地在康熙三十四年（1695）到乾隆十年（1745）的五十年間，是一片大水面。水面退去之後，漢人方才大舉入墾。再談在臺灣北部的原住民、外來的西班牙。接著談閩南的移民，是什麼樣的人才會到臺北來開墾。接著談漢人如何建立他們的聚落。有了聚落，才會有寺廟。這時才會談到大稻埕是如何形成的，霞海城隍廟是如何建立的。有廟之後，才會有廟會活動。當我追問為什麼會在清光緒三年（1879）方才開始迎神賽會？答案是連年賺錢。連年賺錢當然要答謝神明的庇佑。謝神時，就會用國人習慣的生活方式來謝神。

　　前面已經提過，祭祀這件神聖的事，本質上就是「請客吃飯」，而且是豪富人家的請客吃飯。這時請來吃飯的「客」，不是人，而是天神、地祇和去世的祖先。大戶人家宴客時，要有「堂會」，叫戲班子來唱戲。因此，請神吃飯的時候一定也要演戲。大戶人家的家長是很勤勞的，常常要巡視他的家園。神明也像這種勤勞的家長，常要巡視他管轄的家園。從這個角度來看霞海城隍的迎神繞境，就成了順理成章的事。當家裡遭強盜搶劫的時候，家長要出來安撫家人，帶領家丁來清理家裡的環境。這就促成當鼠疫在臺灣肆虐時，各地都有迎神逐疫的舉動。

再從「賺錢」的角度來看大稻埕行之百年以上霞海城隍迎神賽會的起源，就看到大稻埕的國際貿易。以茶爲主的國際貿易，讓大稻埕的商人連年賺錢。商人賺錢之後，就要「謝神」。接著就是逐年記錄大稻埕的商人如何舉辦迎神賽會。到目前爲止，這個長達一百三十多年的記錄是史無前例的。也許北港天后宮可能有類似的報紙記錄。其他的廟宇，在這方面，相形失色。

在有關中國這個領域的研究中，可以算是「微觀史」、「生活史」的研究，當代首推史景遷（Jonathan D. Spence）早年的一本小書《王氏之死：大歷史背後的小人物命運》〔註 24〕。這本書在格式上，像是在寫歷史故事，不用一般通用的論文形式。這本書主要是在描述山東郯城鄉下農民的生活。從一場地震開始，描述當地的自然環境、疫疾、飢荒、地方惡勢力、滿人的入主中原，也討論了土地、天氣、農業、賦稅、人口、行政機構。史景遷著眼於下層人民如何生活，例如寡婦如何撫養兒子成人，地方上各式各樣的鬥爭。最後從一樁殺人案的原原本本，來看婦女的遭遇和地位。書中的主角王氏，是一個貧寒農民的老婆。因受不了清寒而與人私奔。幾個月後，卻陷入走頭無路的困境，只得回家。她的丈夫恨其使他顏面喪盡，在大雪夜，把她掐死，還嫁禍鄰居。多虧知縣黃六鴻發現破綻，偵破疑案。

史景遷做這個研究時，並沒有太多有系統的史料可用。主要是依靠《郯城縣志》、黃六鴻所著的《福惠全書》以及蒲松齡的《聊齋志異》。運用高超的學術能力，重建幾百年前一個貧窮落後村莊的社會和生活。

史景遷後來又用相同的微觀手法，以講故事的方式，研究雍正時代的曾靜案和《大義覺迷錄》出籠的前因後果。恩師韓書瑞在做「碧霞元君」的研究時，也用了相似的手法。她更著重於實地的訪問，華北各地相關的廟宇她都訪問過。十年前，她發表《北京：寺廟和城市生活 1400～1900》〔註 25〕。由於中國人已毀掉大部分有關寺廟的文獻記錄，她就利用寺廟的碑刻來研究明清兩代北京城內的寺廟和一般人民的生活，時間的跨距表達五百年。

王笛的《茶館》〔註26〕這本書是近年來眾多研究「生活史」的著作之佼佼者。他所關心的是默默無聞的社會基層階級，日出而作、日落而息的升斗小民。

〔註 24〕 Spence, Jonathan D. *Death of Woman Wang*, 1978。李孝愷譯，臺北市：麥田出版社，2009。
〔註 25〕 Naquin, Susan, *Peking: Temples and City Life*, University of California Press, 2000.
〔註 26〕 王笛《茶館：成都的公共生活和微觀世界 1900～1950》，北京：社會科學文獻出版社，2010。

他在中文版的序言中說：

> 中國的歷史書寫，從根本上看，可以說是一個帝王將相、英雄豪傑、
> 知識精英的歷史。因為我們相信，只有寫他們，才能建構有關民族
> 和國家命運的宏大敘事，才能體現歷史學家的使命感。可是我們平
> 時所面對的小人物，占社會人口的 99%以上。他們每天也在創造歷
> 史，只是所用的方式不同於帝王將相、英雄豪傑罷了，然而歷史學
> 家很少去注意他們。

王笛從「茶館與社會」、「茶館與經濟」、「茶館與政治」三個面向，來討論
四川人最喜愛的茶館，把社會最底層升斗小民的日常生活呈現在世人的眼底。

在撰作的過程中，2012 年 5 月曾到上海華東師大訪問講學一個月，讀到
王笛的大作，多受啟發，才去思考我所記述的大稻埕霞海城隍迎神賽會所涉及
到的對象，是當地的商人，還是有錢的商人，在宗教生活方面的具體表現。
跟王笛的升斗小民有所不同。

用編年體的方式，是創新之舉。唯有很精細的一年又一年的看過去，才
可以真正體會當年的繁華風光。這是一種新的嘗試，也是一種歷史撰寫的新
典範。在科學史上，凡是率先提出新的研究典範時，都會遭到舊典範擁護者
的撻伐。我試著用這種編年體方式來寫日據時代的宗教活動，向國科會提出
申請，被審查人評為「根本不是研究計畫的課題。」這就是舊典範者的標準
反應。不論如何，我已經點燃新典範的這把火，星星之火，將會燎原。

第二章　臺北盆地的變化

　　中國的諺語說：「十年河東，十年河西。」意思是說，我們看到的地形、地貌不是恆常不變的。經過的時間夠長久，任何地形、地貌都會發生變化。在此提出這個諺語的目的，是在呼應法國年鑑學派所主張的「長時段歷史」的研究。

　　年鑑學派的創始人之一，費爾南・布勞岱（Fernand Braudel 1902-1985）認爲，我們所說的「歷史」，至少包涵三個長短大小不同尺度的歷史。每個歷史層面以時刻變化的節奏展開：有非常緩慢的、幾乎世代不變的歷史，配上幾乎不變的地理景觀，形成某些文明的傳承，這是「長時段史」；其次是變化較爲迅速、儘管還是節奏緩慢的歷史，以幾個十年爲週期改變著，有時是國家、社會和精神生活的循環歷史，是爲中尺度的歷史；最後，是飛快變化的歷史，每天充滿多變的事件，可以說是我們每天在報紙上看到的歷史。這三種歷史同時存在，就像潮汐深處運動上的波浪。〔註1〕

　　爲了彰顯他所謂的「長時段史」，布勞岱用相當大的篇幅，在《地中海史》的第一部分「環境的作用」中，描述環地中海各地的半島、山脈、高原、平原、河流、水利工程、季節遷移等問題。這一部分是布勞岱心目中不會快速變化的項目，構成環地中海地區在自然景觀上的特色。是屬於他所講的「長時段歷史」。

　　借用布勞岱的觀點，來看臺北盆地的歷史，就發現，臺北這個盆地具有高度的活性，只能用布勞岱所謂的「中時段歷史」來做觀察。臺北這個盆地

〔註1〕布勞岱著，曾培南、唐家龍譯《地中海史》（第一卷）「中譯本序」（布勞岱夫人作），頁7，臺北市：商務印書館，2002。

不斷的在變化，只需幾十年，盆地的地形、地貌就發生相當大的變化。連帶
而來的，就是人群聚落位置的改變。這些資料都記錄在不同時期所繪製的地
圖上。地形地貌的改變，表現在地圖上，就是河道不斷的變動，依河而生存
的村落有時候畫在河的這一岸，有時候就到對岸去了。這種變動讓研究者吃
足了苦頭，也增添了不少具有爭議性的研究課題。可是，一般學者都相信，
河是固定不變的，山也是固定不變的。以「不變」的觀念來面對「經常變動」
的大自然環境，其結果當然是「迨矣！」

近年來，有幾位先生致力於收集臺灣的地圖，獲得很好的成就。在他們
豐厚的基礎上，我們才有機會依照年代，逐張檢視臺灣地圖上有關臺北盆地
部分所呈現的各種面貌。當我們逐張看過去，在腦海中所浮現的臺北盆地的
地形、地貌，慢慢的不再是原先所認識的那些刻板印象。臺北盆地不一定是
在康熙三十三年（1694）因地震而陷落所形成的古湖；這個古湖的消失也不
是因為上游原住民的山田燒墾，而是另有緣由。

臺北就在這樣的變動中慢慢的成長，慢慢的形成今天我們看到的模樣。

第一節　地圖在說什麼

在進入主題之前，讓我們先想一想：「地圖所傳遞的是什麼樣的信息？」
地圖是人畫的。圖上所承載的是那一位或那幾位繪製地圖的人對那一塊
土地的形貌、位置、方向、時間、人與物，甚至山川景緻的心理認知。在沒
有使用座標測量之前，所有的地圖都是像畫〈長江萬里圖〉那樣，把原先儲
藏在畫家意識層面的「對某一地的印象」，用山水畫的手法，謄錄到畫紙上。
時間和空間都被簡化和壓縮了，有時連「方位」、「距離」也都壓縮和改變了。
即使是現在大家公認最精準的「實地測量」所得到的地圖，依照測量時
所用的尺度不同，也會有不同的地圖形貌。這是英國的數學家曼得布羅特
（Benoît B. Mandelbrot, 1924-2010）在 1984 年所提出來的概念。他注意到如
何在地圖上標示海岸線？由於海浪不斷的拍打海岸，使得海岸線一直在變
化。我們在地圖上所看到的那種清晰的、固定的海岸線，其實並不存在。當
測量者用不同的尺寸做為測量的基準時，所測繪得到的形狀也不會一樣。不
過，再怎麼變化，有一個基本的形狀是會不斷重覆出現的。他稱這種不斷重
複出現的圖形為「碎形」（fractal），也就是「非整數的幾何圖形」。「碎形」的

構成是來自某一種簡單圖形的自我複製〔註2〕。整個宇宙萬物依這種方式而構成。地形地貌是萬物的一種，自然也受這個「碎形」法則的支配。

　　研究臺北地區，當然要注意臺北盆地究竟長得是什麼樣子。蜿蜒其中的河川是怎麼流動？今天我們看到的河道，三百年來一直沒有更改過嗎？如果有變動，又是如何改道？它曾經是個大湖嗎？如果是大湖，又如何淤塞？

　　當我們翻閱南天書局所出版的歷年臺灣地圖時，把臺北部分切出來，加以放大，相互比較，就可以看到，臺北盆地的河川是會改道的，它的寬幅也會不斷的變化，有時較寬，有時較窄。在地圖上所呈現的臺北盆地形貌，完全受制於繪圖師的心念。繪圖師以「小尺度」去看盆地中的河流時，就會看到一個寬闊無比的大湖；如果製圖者用較大的尺度來看時，則會看到有幾條大河蜿蜒其中。不論是大湖，或者是大河，都是臺北盆地一時一刻的景像而已。我們要用這種「一時一刻的景像」去論述它究竟是湖是河，在立足點上就不太穩固。臺北古湖這個問題已有不少學者參與討論〔註3〕，本書不想在現有的資料上打轉，改用十七世紀西洋人和中國明清兩代所畫的地圖來檢視「古湖」是否出現過。

　　以下就讓我們一起先來看十七世紀西洋人爲何來到東方，而後來看隨西洋人而來的世界和東亞地圖，再從這些地圖上來看「臺灣」和「臺北」在製圖師與使用者意識中的形態。

第二節　東方遇到西方

　　在西洋人還沒有來到東亞的時候，東海與南海一直是中國人的內海。從唐代開始，中國的海船從廣州或泉州出發，前往東南亞和西亞各地從事貿易活動。東南亞和阿拉伯的商船也可以進出廣州和泉州。這種海上活動在明成祖永樂年間（1403～1424）和宣宗宣德年間（1426～1435）時七次派遣鄭和

〔註2〕　Mandelbrot 指出，有一條直線，折成三折，在三分之一的地方打個折，依次在每一段三分之一的地方打一個折，如此重複五次，所看到的圖形就跟原先的直線大不相同。仔細去看每一個打折的地方，它的造形完全相同。是根據同一個法則，不斷的自我複製，所形成的結果。

〔註3〕　翁佳音《大臺北古地圖考釋》，臺北市：稻香出版社，2006。孫立中、李錫堤、蔡龍珆〈康熙臺北湖基於歷史文獻之初步探討〉（1992）。謝英宗《康熙臺北湖古地理環境之探討》，臺灣大學地理學系地理學報，第二十七期。（2000），頁 85～95。

率領龐大的艦隊下西洋而達到最高峰。

此後，明朝經過激烈的辯論之後，放棄了海上貿易，改行鎖國政策。閩浙沿海的居民生活大受限制，往往勾結日本浪人，侵擾江浙沿海，這就是史書上所說的「倭寇」。陳懋恆在《明代倭寇考略》〔註4〕一書中，提到十八個倭寇首領，全部是中國人。其實所謂的「倭寇」，就是帶有武器裝備的商業幫派組織，一方面經商，一方面也搶劫凡是不在幫派裡面的船隻。

在十六至十八世紀，東亞海域的貿易主控在中國人的手中。中國海商的貿易方式完全是小本經營，沒有正式的組織，完全是由個人照顧自己的小買賣。通常都是商人向船東租借貨艙，親自押運貨物到海外交易。每一艘帆船往往可以搭載數以百計的商人，彷彿現代的百貨公司一樣，各自照顧自己的櫃臺。當帆船一抵達港埠，這些商人就各自散開，去尋找自己的主顧，化整為零。回船時，商人們又各自找人辦貨，定期聚合，搭船回閩粵家鄉，化零為整。當時的人形容這種海商貿易情形是「萍聚霧散，莫可蹤跡。」這種經營方式要比歐洲人在東南亞設立東印度公司、建立城堡分和倉庫、派駐軍隊的辦法，來得經濟有效。只是沒有辦法像歐洲人那樣取得在政治上的領導權。

在海禁不嚴的時候，這些商人規規矩矩的從事商業活動。海禁一嚴，立即轉商為盜，變成海寇，劫掠各地。這樣的經營方式看上去很鬆散，像是沒有組織，其實是嚴密的幫會組織。明代的倭寇就是這種幫會組織具體的運作。有一個強人出來領導群眾，一呼百諾。這種幫會山頭林立，前後有十個雄強，如林鳳、李旦、顏思齊等〔註5〕。這些海商集團分成江浙、福建和廣東三大集團，最後由鄭芝龍擊敗群雄，定於一尊，基地是在漳州月港和廈門。這時候，臺灣方面的港口是澎湖、大員和雞籠、淡水。明朝招撫鄭芝龍，授與爵位，從副總兵一路高升到平國公，成為東南海域的霸主。當歐洲人東來之後，就跟鄭氏商團發生正面的競爭和衝突。

西洋人想到東方來，通常都說是受到《馬可孛羅遊記》的影響，嚮往東方的富饒。十六、十七世紀歐洲人在全球航路開通之後，葡萄牙人、西班牙人、荷蘭人相繼來到東亞，建立貿易的據點。葡萄牙人最先在中國的港口占得一席之地，於1536年（明嘉靖十五年）占領澳門。其次是西班牙人，在1571年（明隆慶五年）占領馬尼拉。荷蘭人是在1619年（明萬曆四十七年）打敗

〔註4〕 陳懋恆《明代倭寇考略》，北京：人民出版社，1957。
〔註5〕 林仁川《明末清初私人海上貿易》，上海：華東師範出版社，1987。

英國人之後，占領巴達維亞。這些歐洲人千里迢迢到東亞來，主要的目標當然就是要跟中國做生意。從中國出口黃金飾品到印度，去購買印度的棉布，然後用印度棉布去買胡椒、茴香、八角等南洋的香料，運回歐洲販售，賺取二至三倍的利潤。〔註6〕

　　既然要跟中國做生意，貿易據點當然是越靠近中國越好。在這方面，葡萄牙人占領澳門，首得地利之便。西班牙人占馬尼拉次之。荷蘭人的總部設在巴達維亞，距離中國最遠。荷蘭人和西班牙人又是競爭的死對頭，荷蘭人不斷的去騷擾馬尼拉，企圖阻斷西班牙人對中國和日本的貿易。同時也設法占領距中國較近的澎湖風櫃，以為據點，可是被明朝的守將福建海壇把總沈有容所驅逐，改於 1624 年（明天啓四年）占領臺灣南部的安平，建立熱遮蘭城（Zeelandia），對在馬尼拉的西班牙人形成包圍的形勢。西班牙人急欲突破這個困境。同時，又聽到日本的豐臣秀吉想要派軍攻打馬尼拉的消息，於是決定先下手為強，攻取臺灣北部，以作為馬尼拉的外圍屏障。1626 年（明天啓六年）西班牙人在今天的基隆和平島上，建立「聖救主城」（St. Salvador）及要塞堡壘。西班牙人在臺灣的十六年中，曾經到達的範圍大致是今天的北海岸、淡水、基隆、宜蘭等地。〔註7〕

　　這時候，西班人到東方來，或者說是到全球各地去，都懷著三項「崇高」的目的：為了宣揚上帝的福音（God）、為了王室的榮耀（glory）、為了傳說中的黃金（gold）。〔註8〕黃金這一項是西班牙人在十七世紀的擴張行動中最難解決的難題。追尋黃金國度的夢想始於十六世紀中葉的美洲，隱身在後面的是對「失樂園」的追尋。他們來到福島（I. Formosa〔註9〕）北部的目的之一，也是為了尋找黃金。西班牙人最後領悟到黃金之國永難企及，夢想一再破滅，終而在 1642 年（明崇禎十五年）傷心的棄守福島，把臺灣北部留給他的對手荷蘭人。又過了二十年，在 1662 年（清康熙元年）時，荷蘭人又為國姓爺鄭成功所逐。是年 2 月 9 日荷蘭人正式退出他占領三十八年的臺灣，臺灣也因

〔註6〕 林偉盛，〈荷據時期臺灣的金銀貿易〉，《第七屆中國海洋發展史國際研討會》，臺北市：中央研究院社會科學研究所，1997。

〔註7〕 有關西班牙人占臺灣北部的事，請參閱鮑曉鷗著，若到瓜譯，《西班牙人的臺灣體驗 1626～1642：一項文藝復興時代的志業及其巴洛克的結局》，臺北市：南天書局，2008。

〔註8〕 鮑曉鷗，2008，頁 2。

〔註9〕 鮑曉鷗在《西班牙人的臺灣體驗》（2008）一書中把 I. Formosa 譯成「福島」，這個譯名比任何現在流行的譯名都來得高妙，本書從善而改之。

此正式進入中國的領域。

西班牙人於 1571 年占領馬尼拉之後，跟中國的貿易大增。東南沿海的人民鑒於海外有巨大的利益，於是紛紛出海淘金，形成一股移民潮。翻查這時期福建廣東兩省的方志和家譜，就可以發現，在 1570 年之前，放洋謀利者只在沿海的幾個州府，如同安、晉江、南安、惠安等。1570 年以後的數十年間，出外洋討生活者不再只限於沿海州府，連內陸山區各縣，如安溪、龍巖、仙遊、梅縣、汀州、長樂等縣，各家族都有子弟在海外謀生。這種現象實質上打破了明朝所實行的海禁政策。

西洋的海盜和中國的海盜在東亞海域相遇，有時聯合，有時對抗。西洋人一直企圖在距中國最近的島嶼上建立堡壘，展開貿易和傳教活動。中國閩粵兩省的官方遵循既定的海禁政策，拒西洋人於大門之外，而閩粵兩省的人民基於海外有大利可賺，於是紛紛出海，為馬尼拉、巴達維亞以及其他的市集之處，提供基本工匠勞力或商人，形成當地的「澗內」（華人聚集之處）。

明末海寇猖獗之時，官府的因應不是貪黷無厭，就是積弱不振，剿撫政策搖擺不定與各式各樣的人事傾軋（文臣武將不和，閩廣兩省不和），致使海寇之禍無法根除，其紛擾海岸經年，幾與明朝國祚相終。

明季東南海寇，不論前期（隆慶、嘉靖）的廣東海寇，或後期的（天啟、崇禎）的福建海寇，都有在海外設立巢穴的風氣。他們雖然蹤跡在水，精神卻未嘗頃刻離陸；精神在陸，而其巢穴又未嘗敢頃刻離水。海寇巢外的結果直接加速了海島的興起，其提升了海洋的地位。間接的也推動了東南沿海人民外移的潮流。此外，由於海寇在外，往往開發並且繁榮了當地，且與當地種族有各種交流。從文化移植的觀點來看，它的成效是無可估量的。

航海必需要有地圖，才能在茫茫大海中有所依循。中國的海寇不曾留下他們所繪製或用過的地圖。西洋人則不然。凡是所到之處，必定測繪地圖，以為航行與占領之用。因此，留下許多地圖，特別是航海地圖。葡萄牙人和西班牙人是最早興起的海權國家。由於兩國在全世界擴張他們的勢力，同時也擴大了歐洲人的地理知識。在十六世紀末，西葡兩國長期獨占海上貿易，兩國所繪製的地圖日益精確。到了十七世紀，荷蘭人繼起成為海上強權，更重視繪製地圖。繪圖的技術更加精確。派在東亞各地的荷蘭軍隊的任務之一，就是實地測繪地圖，把各地繪成的地圖，送回位於巴達維亞的東印度公司總

部，轉呈母國政府。再匯集成冊，而後出版。在那個大航海時代，「地圖」代表著國家的實力。也就是說，擁有「地圖」這項利器，加上他鄉異國的地理知識，彷彿就擁有了一把無形的「權力之鑰」。

元明兩代在繪製地圖方面已經有相當高明的水準。在明世宗嘉靖年間（1522～1566），羅洪先繪製了有名的《廣輿圖》。為了剿滅東南沿海的倭寇，而有《福建海防圖》。這幅海防圖繪製的時間很長，大約從世宗嘉靖四十五年（1566）到神宗萬曆二十年（1592）。這些地圖不是真正實測的地圖，充其量只能算是示意圖，表示當時的人對海外各地的地形、地貌、方位的大概認知。所用的繪畫手法是中國傳統的山水畫手法。

不管原始的目的如何，地圖的內容或繁或簡，我們今天只能靠這些地圖來重新認識三、四百年前臺灣北部的地形地貌。

第三節　把臺灣畫成三個小島

今天當我們翻看十六、十七世紀西洋人所製做的地圖時，就可以看到一個有趣的現象。在最初的百年中，也許是因為從馬尼拉北上到日本的歐洲船隻都是沿著臺灣西岸北上的緣故，船員們所看到的臺灣西海岸各個河川的出海口都非常的寬大，又沒有彎進海灣裡面去看一看，於是把寬大的河口誤以為是海峽，因此很自然的把臺灣畫成三個大小差不多又相連續的小島。最北邊的小島稱之為「美麗島」（I. Formosa，音譯作「福島」），中間和南方的兩個島合起來稱「小琉球」（Lequeo pequeno）。

西洋人初到東亞來，人生地不熟，完全要靠早已熟知東方海域的中國船員領路，當然會從中國船員的口中，得知澎湖、臺灣、琉球、日本等地的情形，也從中國繪製的地圖得知東南海域的大概。西洋人也許看到過《福建海防圖》。這幅海防是畫在紙上，最初繪製的動機很可能是為了剿平倭寇。繪製的角度是從福建向東瞭望海上的澎湖和臺灣。澎湖是海中的圓狀群島。在澎湖的後面，更有幾座大山浮出海面上。也就是把臺灣畫成「海中的幾座仙山」，山與山之間，有廣大的水域。從左到右，第一個大山標示「小淡水」字樣，第二個大山標示「小濁水」字，第三個大山標示「笨港」字樣，第四個大山的標示看不清楚。

在那個輾轉相抄的時代，西洋人能夠看到《福建海防圖》已是萬幸。他

們依據福建人對澎湖、臺灣的印象和描述，很自然的把位在澎湖東方的臺灣，畫成三個連續的島嶼。〔註10〕

圖 2-1 《福建海防圖》局部（澎湖部分圖）

資料來源：《中國古代地圖集》（明代）圖 75。

不過，明英宗天順五年（1461）成圖的《大明一統志》中的〈大明一統之圖〉，以及世宗嘉靖二十二年（1543）桂蕚彩繪的《皇明輿圖》中的〈大明一統輿圖〉，在今日臺灣的位置上，畫了一個完整的海島，上面標示「琉球」。不過，日本也被畫成一個島，不符現實情形，而且位置也不對，因而也就不能據此推論「中國人早就知道臺灣是一個完整的大島。」

〔註10〕曹婉如、鄭錫煌、黃盛璋、鈕仲勛、任金城、秦國經、胡邦波編，《中國古代地圖集》（明代），北京：文物出版社，1994。

圖 2-2　〈大明一統之圖〉

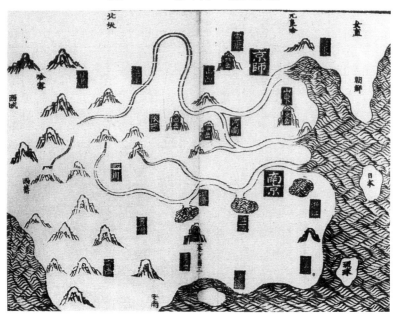

資料來源：《中國古代地圖集》（明代）圖 177。

圖 2-3　〈大明一統輿圖〉

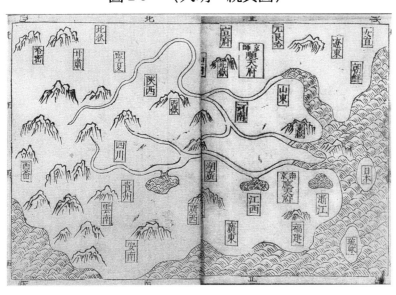

資料來源：《中國古代地圖集》（明代）圖 187。

一、1570年的亞洲地圖

1521年4月7日麥哲倫到達宿務島（Cebu），4月27日為當地土著所殺。他的伙伴繼續駕船西行，16個月後，於1522年9月8日「維多利亞」號獨自返回西班牙塞維亞港，滿載歐洲人企盼已久的香料。然而當1571年原本占領宿霧的西班牙人，發現馬尼拉的地理位置遠比菲律賓任何地方都要優越時，他們立刻揮軍北上，控制菲律賓土著，趕走頑強的穆斯林，強迫勤奮的華人為他們建築王城。從此展開為時三百年的占領，也改變了東亞水域的勢力消長。

這時候，對世界的認知是很重要的事。葡萄牙籍的耶穌會傳教士Abraham Ortelius所繪製的亞洲地圖正是代表這時期歐洲人對全球概況的認知。在這張地圖的右邊，日本的下方，畫了一些島嶼，沒有特別標明那一個島嶼是臺灣（或福島）。

這張地圖顯示兩個重點。第一，西洋人還沒有注意到福島的重要性。第二，福島的河口很寬闊，讓那些只從外海經過的西洋水手誤以為是海灣，才會想像成三個大小不同的島嶼。下一張圖就可以清楚的表現這樣的猜測是有道理的。

圖2-1　Abraham Ortelius《世界地圖》（1570）

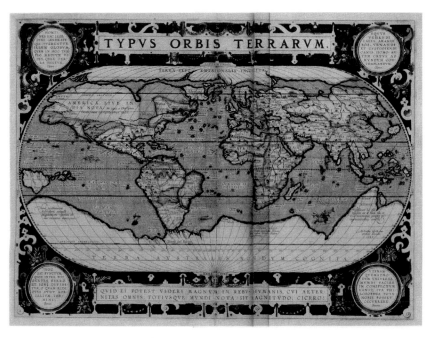

引自《地圖臺灣》，頁107。

二、1596 年的中華及東印度諸島精確海圖

　　此圖翻拍自是《東西印度群島航行記》，作者是荷蘭人林斯豪登（Jan Huygen van Linschoten）。以東上西下的方式繪製。圖的左側有北迴歸線。

　　把這張圖有關臺灣的部分放大來看，北迴歸線經過三個相連的四方形小島。最左邊的一個島註明是「美麗島」（I. Formosa），面積最小。中間是「小琉球」（Lequeo pequeno），有北迴歸線通過。從北迴歸線的位置來看，中間這個「小琉球」大致包括新竹到嘉義這一段中臺灣。右方是一個無名島，它的範圍大致是從臺南到鵝鑾鼻，都包括在「小琉球」中，沒有特別標明它的名稱。這個島的下方海中，有一個小島，應該是指今天的澎湖。

　　左邊和中間的島嶼的面積比較小，右方的島嶼面積比較大。三島之間有海灣相隔。我們可以猜測左邊的海峽是淡水河，右邊的海峽應該是濁水溪。再加上四周的小島，共同構成一個較大的群島。這個群島沒有特定的名稱。

圖 2-2　林斯豪登（Jan Huygen van Linschoten）
《中華及東印度諸島精確海圖》（1596）

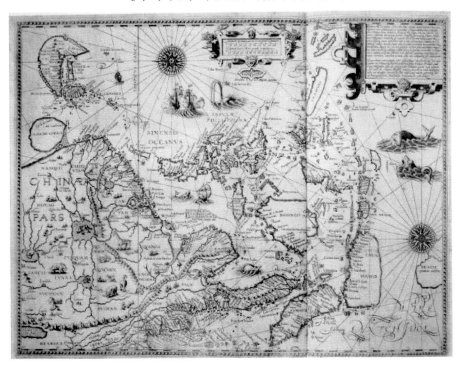

資料來源：《地圖臺灣》，頁 103。

圖 2-3

圖 2-2 的局部放大，引自同前書，頁 73。

三、日本江戶初期東洋諸國圖

圖 2-4　〈日本江戶初期東洋諸國圖〉

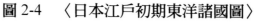

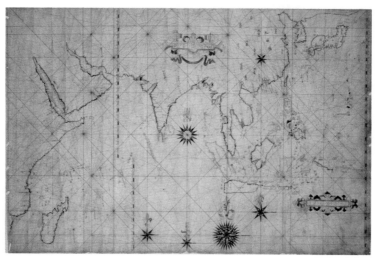

資料來源：《地圖臺灣》，頁 104。

　　原圖是十七世紀初，日本人臨摩葡萄牙人的「卡爾他」地圖，描繪從日本到非洲東岸的海洋形勢。圖中，把臺灣稱作「高砂」。「高砂」一詞源自日本古早的神話，相當於中國古代神話傳說中的「蓬萊」。

圖 2-5

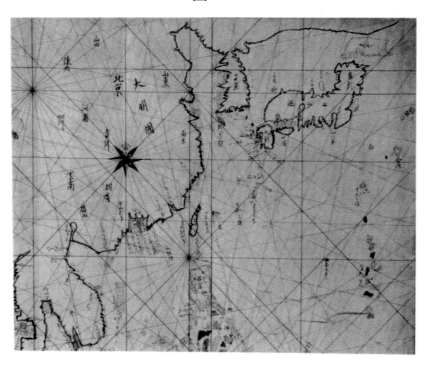

圖 2-4 局部放大

　　在這張地圖上，福島的上方是兩個小島，相連在一起。下方是一個大島，左側有一個大海灣。在這個大島上寫著「高砂」兩字，在中國的地方寫「大明國」，顯然製作這張地圖的時候，是在明朝。

四、1606 年的中華地圖（China）

　　1606 年（明萬曆三十四年）由 Jodocus Hondius 所繪。這張地圖已經把韓國畫進來。在日本的南方有一長條島嶼。最南端也是最大的一個島嶼標示為「小琉球」（Lequio minor），其上方有個有名字的島嶼，其名是「美麗島」（Formosa）。「小琉球」是漳泉一帶的人對臺灣的稱呼，「美麗島」是西葡兩國人對臺灣的稱呼。用久了，大家也就習慣稱臺灣為「美麗島」，本書根據

Formosa 的音譯，稱之爲「福島」。

圖 2-6　Jodocus Hondius《中華地圖》（1606）

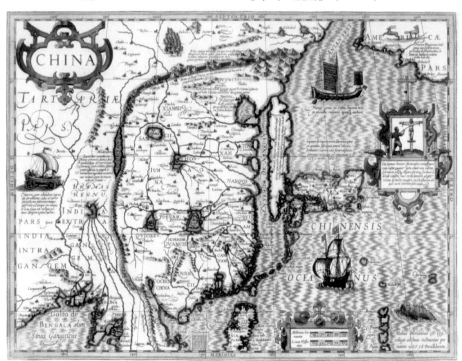

資料來源：《地圖臺灣》，頁 109。

　　在這張地圖上，小琉球和福島是兩個不同的島嶼。其實都是從臺灣西部
來看臺灣，由於每一個河川的出海口都很寬闊，西洋水手就把這些寬闊的河
口想像成「海灣」，於是就畫成了一連串的島嶼。

五、1672 年的中華帝國（The Kingdom of China）

　　1627 年（明天啓七年）由 John Speed 所繪。這張地圖把從日本，經琉球，
到臺灣的島弧位置標示清楚。圖中的福島依舊是三個連續的方形島嶼，上方
一個是「美麗島」（福島 I. Formosa），中間和下方的兩個島都稱之爲「小琉球」。
島與島之間有海峽相隔。

圖 2-7　John Speed 中華帝國（1627）

資料來源：《地圖臺灣》，頁 110。

六、1656 年的中華帝國圖（La Chine Royavme）

　　法國著名的繪製地圖的師父 Nicolas Sanson 於 1656 年（清順治十三年）所繪製。臺灣出現在右下角，仍舊被畫成是相連的三個島，命名為 Los Lequies（小琉球）和 Y. Hermosa（福島）。可是在這個時期，歐洲出版的東亞地圖，臺灣已經被畫成是一個大島了，這張地圖還是沿用舊有的資訊。

圖2-8　Nicolas Sanson《中華帝國》（1656）

資料來源：《地圖臺灣》，頁112。

七、1705年的日本地圖（A map of Japon）

圖2-9　Georgius Psalmanaazaar《日本地圖》（1705）

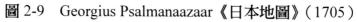

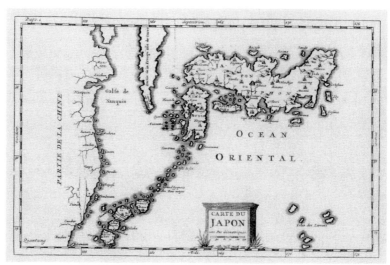

資料來源：《地圖臺灣》，頁108。

　　這是 1705 年（清康熙四十四年）時，荷蘭製圖師 Georgius Psalmanaazaar 所繪製的日本地圖。日本下方有許多島嶼，琉球和臺灣都在其中。這是目前所知道，把臺灣畫成三個小島的最晚出現的一張。此後不再出現三個相鄰小島的臺灣地圖。

第四節　把臺灣畫成一個大島

一、1655 年的《中華帝國新圖》（Imperii Sinarum nova descriptio）

　　最先把臺灣畫成一個大島的地圖是義大利耶穌會士衛匡國（Martino Martini）所繪製的《中華帝國新圖》（Imperii Sinarum nova descriptio）在 1655 年（清順治十二年）編輯出版了一部世界地圖集。其中第六集爲《中國新地圖集》（Norus Atlas Sinensts）。這是十七世紀西洋所出版有關中國的地圖集中，水準最高的一張地圖。在這張地圖中，臺灣的形狀跟現在我們熟知的臺灣形狀不太相同，北部畫成扁平狀，也沒有畫出島內的任何一條河流。北迴歸線也畫得比較偏北。

圖 2-10　衛匡國《中華帝國新圖》（1655）

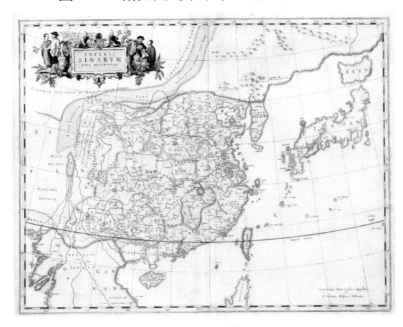

資料來源：《地圖臺灣》，頁 111。

二、1696 年的《中華東部圖》（Parte orientale della China）

　　這張地圖是由義大利神父 Vincenzo Maria Coronelli 所繪，描寫中國東部、臺灣、高麗與日本的一部分。在臺灣的下方有一段義大利文，註記荷蘭人在島上建城，以及在 1661 年鄭成功來臺灣的一段歷史。文中，直呼鄭成功為「海盜」。臺灣島的名稱是 Ilha Formosa（福島）或 Laqueio（琉球）。

圖 2-11　　Vincenzo Maria Coronelli《中華東部圖》（1696）

資料來源：《地圖臺灣》，頁 113。

　　非常有意思的事是北部淡水河流域被畫成一個大湖。這張地圖畫成的時間是 1696 年，正是清康熙三十五年。跟傳說中，臺北在康熙三十三年（1693）

發生地震，造成地層下陷而形成大湖的年代，剛好相符合。顯然在 1693 年至
1695 年，臺北地區確實曾經有過大面積的水域。從地圖上來看，的確可以稱
之爲「湖」。有關「康熙臺北古湖」的討論見第七節。

三、1728 年的中華沿海地區海圖

　　這幅海圖反映十七世紀荷蘭占領時期的臺灣，除了對西海岸有具體的描
述外，也標示東部山地的原住民聚落。西班牙人和荷蘭人都久聞臺灣出產黃
金，也在宜蘭的原住民身上看到金飾，於是就到處尋找金礦。這幅地圖呈現
當時探金隊所走過的路線。

圖 2-12　Johannes van Keulen《中華沿海地區海圖》（1728）

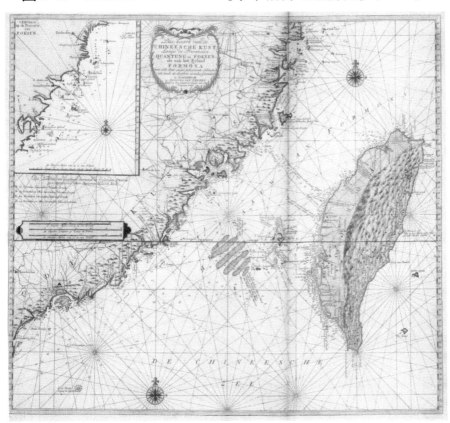

資料來源：《地圖臺灣》，頁 117。

　　這幅地圖是由荷蘭人 Johannes van Keulen 所繪，時間是 1728 年。時間序
列上偏晚，已到了清雍正六年。

第五節　1640 年荷蘭人實測的臺北地圖

　　1640 年代荷蘭人在臺灣的勢力伸展到中部。1642 年趕走了西班牙人之後，荷蘭人的勢力伸入臺灣北部。1643 年在大員的荷蘭當局派土地丈量員史東湖（M. Stormhoedt）繪製中北部沿途的河川與村社，可是這個人嗜酒如命，沒有完成使命。在臺北淡水的首任主管朴洛克厚一（Antony Plochhoy），也展開相同的測量工作，沒有完成，由繼任者給爾得辜（Simon Keerdekoe）另行完工呈繳東印度公司。

　　給爾得辜所呈繳的臺北地圖尺寸大約是 28 公分乘以 35 公分，彩繪，放在他的報告書〈關於淡水河、雞籠港灣、暨公司當地現存城砦、日常航行所經番社數等情述略〉的最後一頁。後來才被處理檔案的專家拆散，圖文分離。這張地圖是十七世紀以來西洋人測繪臺灣的地圖中，唯一詳細記錄臺北盆地內部狀況的一張。今天荷蘭檔案館所藏的大臺北古地圖並非原件，而是巴達維亞城的製圖家聶瑟（Joan Nessel）根據給爾得辜所交的原圖抄繪，原圖則下落不明。〔註11〕

　　荷蘭人沿襲西班牙人的策略，以雞籠和淡水為兩個主要基地。這張地圖就是從西方的淡水城砦和北方的雞籠城的角度來看內陸，把雞籠和淡水兩城畫在底部，也畫得特別大，以致這張地圖的座標是「南上北下」。向上望去，淡水河和基隆河流域盡收眼前。由於西班牙人與荷蘭人都很注重雞籠和淡水之間的內陸交通，因此，基隆河就顯得比較重要，畫起來也就比較詳細。

　　在圖中，基隆河的下游有很多曲流。這個曲流跟二十世紀的基隆河曲流大不相同。現代的基隆河曲流是河流出了南港丘陵地區之後，在錫口街（松山饒河街）就形成曲流。二十前年臺北市政府把基隆河的河道截彎取直，才破壞了這個曲流。而十七世紀荷蘭人所看到的河道曲流是在更近下游的地方，在今天的大龍峒、士林、北投一帶。基隆河的下游，將與淡水河匯流的河道顯得寬闊，地圖上註明叫「里族河」（Ritsouquie revier）。西班牙人的記錄中，基隆河作「基馬遜河」（Kimazon）。翁佳音認為：「似乎意味著基隆河（等

〔註11〕冉福立、江樹聲，《十七世紀荷蘭人繪製的臺灣老地圖》（下），臺北市：漢聲出版社，1997，頁46。翁佳音，《大臺北古地圖考釋》，臺北市：稻香，2006，頁25～26。

於里族河）的名稱是以里族社爲主而命名。」〔註12〕

圖 2-13　淡水與其附近村社暨基隆島略圖（1654）

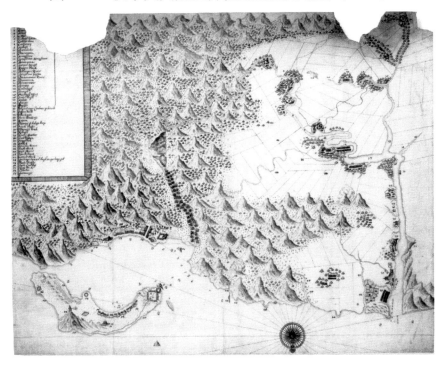

資料來源：《地圖臺灣》，頁 165。

　　這一帶曲流是基隆河的舊河道，在歷史上，應該常泛濫，一場洪水之後，地形就會變動。像是圖上所繪標示第 11 號的大浪泵（Pourompon），位在基隆河的北岸，但是到了乾隆年間所繪的地圖上，大浪泵社是在基隆河的南岸。顯然在此期間，這一帶的基隆河道曾經發生改道。

　　如果我們把荷蘭人畫的基隆河（圖 2-14）、日本人在 1895 年所繪的臺北地形圖中的基隆河（圖 2-15）、截彎取直工程之前的基隆河流域形貌（圖 2-16）與取直工程完工之後（圖 2-17）做個對比，立刻看到基隆河在這三百年中發生過很多次的改變。在荷蘭人的地圖上，沒有社子島。在 1895 年的地圖上，社子島已經出現。再看經濟部水利署在 2000 年所公布的基隆河流域圖（圖 2-17），社子島只是一個半島。更由於截彎取直工程的緣故，原有的下游河曲地形因此消失。

〔註12〕翁佳音，《大臺北古地圖考釋》，頁 66。

圖 2-14　　1640 年代的基隆河

圖 2-15　　1895 年的臺北地形圖的基隆河部分

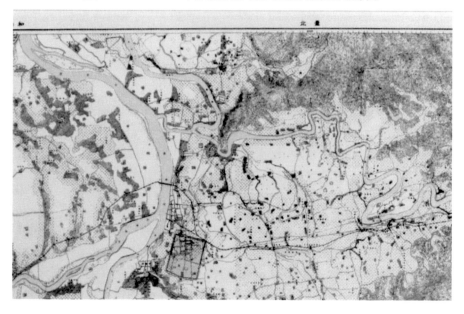

資料來源：《臺灣早先地形圖》局部，南天書局提供。

圖 2-16　未截彎取直前的基隆河流域圖（網路資料）

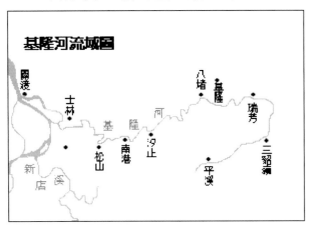

圖 2-17　2000 年的基隆河形貌（網路資料）

　　鮑曉鷗曾經把荷蘭人繪製的這張地圖跟現在基隆河、社子島的位置做過比對，也畫了地圖，清楚的顯示三百年來河道的改變〔註13〕。在荷蘭原圖上的曲流部分，到了乾隆二十一年至二十四年（1756～1759），河道發生劇烈的變化，社子島的鈃形出現。到 1895 年日本人測量的地圖就出現我們現在熟知

〔註13〕鮑曉鷗，2008，頁 107～111。

的社子。他用紅虛線來表示 1654 年地圖上的河道。藍色虛線是 1654 年地圖
上的淡水河。

圖 2-18

1654 年

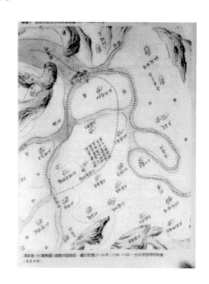

1756 年～1759 年

1895 年

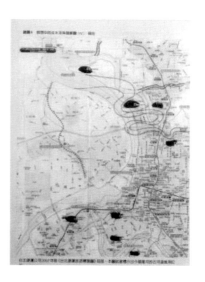

2000 年

資料來源：鮑曉鷗《西班牙人的臺灣體驗》，2008，頁 107～111。

第六節　清代繪製的地圖

　　臺灣是在清康熙二十三年（1684）歸入中國的版圖。隨即設置一府三縣。依照慣例，行政官員要負責調查轄境內的山川，地理建置、人口、稅賦、風俗、行政設施、地方文藝、耆老等項，做成志書，以爲施政治理的主要依據。

一、1695 年的臺灣府志

　　臺灣第一本府志是由高拱乾纂修。高拱乾，生卒年待考，清代臺廈兵備道，字臨九，陝西榆林人。其父高宗，行伍出身，以軍功遞升至永寧總兵。

　　拱乾自稱「世受國恩」，爲廕生出身，就任廣德知州。康熙二十九年（1690），升任福建泉州知府，三十一年，晉陞臺廈兵備道，兼理學政。任職期間，他下令禁止高利貸者重利盤剝平民，並嚴禁奸商猾吏苦累高山族同胞，頗得平民擁戴。

　　康熙三十一年（1692）主持纂修《臺灣府志》，三十四年（1695）告竣，全書共 10 卷，約 18 萬言。在這本《臺灣府志》的「地圖」項目中，有關淡水、雞籠的部分如圖 2-19。淡水城在河口，往內陸去，有三條支流。畫法非常簡單，沒有任何番社民莊的記錄，也沒有廣大的水域的記錄。

圖 2-19

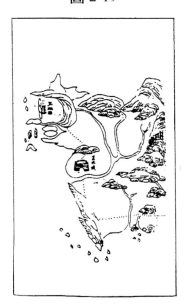

資料來源：《臺灣府志》，臺銀本。

二、1704年的康熙臺灣圖

　　《康熙臺灣輿圖》原藏於大內，據說是八國聯軍攻入北京時，散落民間，後來歸國立臺灣博物館所有，現在是國立臺灣博物館的鎮館之寶。學者根據圖上所記註的番社和行政單位，推斷是康熙三十一年至四十三年（1692～1704）之間的作品。

　　在北部淡水港、淡水河與基隆河部分，只簡單的畫了一個很寬的出口河段，有兩條支流匯合而成。沒有寬闊的水域。

圖 2-20　　《康熙臺灣輿圖》，臺北部份

資料來源：複製品

三、1714年馮秉正測繪之福島圖

　　康熙五十三年（1714）皇帝命令法國耶穌會傳教士馮秉正（Joseph Marie de Mailla）前往澎湖、臺灣，實地測繪這兩地方。比起前面兩幅地圖來，這幅地圖是比較精確的。

　　馮秉正等人沒有去到東部後山，他所繪的《臺灣全圖》只限於西部面對福建省的部分。東部則是一片空白。在圖上標示出臺灣島東西兩部的分界線。這條分界線後來演變成所謂的「番界」。馮秉正的觀察記錄日後也就成為典型

的臺灣地圖影象，臺灣東部為蠻荒之地這個刻板印象不斷的出現在西方人的記錄當中。

　　在馮秉正的《臺灣全圖》中，淡水河是一條比較寬的河。從地圖的比例來看，那時候淡水河的河面相當遼闊。在馮秉正的認知中，那是一條河，不是湖。

圖 2-21　馮秉正《臺灣全圖》（1714）

資料來源：《地圖臺灣》，頁 126。

四、1717 年的諸羅縣志

　　康熙五十六年（1717 年），諸羅（今嘉義市）知縣周鍾瑄延請陳夢林初修縣志，編成《諸羅縣志》，書中附有〈諸羅縣山川總圖〉，這一系列地圖包括了今天嘉義以北的部分區域，其中的「干脰門」（即關渡）與「靈山宮圖」清楚地在臺北盆地畫出一個大湖，湖水浩瀚，還有兩艘帆船在湖中航行。非常符合郁永河在《裨海紀遊》的描述。

　　陳夢林編纂的《諸羅縣志》向來以史料準確、見解精闢著稱，連橫稱為「善本」。陳夢林自稱對志中的〈封域志‧山川目〉「或躬親遊歷，或遣使繪圖，三復考訂，乃登記載。假而千秋百世，陵谷依然，雖未敢謂毫髮爽，亦庶幾乎得其大概云。」意思是說，他所登錄的這個廣闊的水面是真實可信的。

圖 2-22

資料來源：《諸羅縣志》，臺銀本。

五、1723 年的雍正朝《臺灣圖附澎湖群島圖》

圖 2-23　臺灣圖附澎湖群島圖

資料來源：複製品

　　這張《臺灣圖附澎湖群島圖》，根據圖上所標示的行政設施，諸如已有彰化縣，諸羅和鳳山兩縣已有土城，臺灣縣不畫城圍，臺廈道沒有改成臺灣道，以及澎湖巡檢司沒有改成澎湖海防同知等證據，推定成畫的年代在雍正元年至五年之間（1723～1727）。極有可能是在雍正元年。這幅地圖收藏在臺北故宮博物院，是清朝大內的收藏品。

　　這張《臺灣圖》最大的特色是北臺灣有一大片水域。範圍很大，東西南北都有「渡頭」。可行船。在大加臘社南方註記「可泊大船」。水域岸邊記有奇里岸、麻少翁、八芝蓮各番社，以及礦港、干豆門等地名，與郁永河在《裨海記遊》書中所載相符合，為這幅地圖做說明書的盧雪燕認為，據此可以說明「康熙臺北古湖」確實存在。她更比對「地理資訊系統」所模擬的「臺北盆地淹水模擬圖」，發現當水深達五公尺的時候，就會出現跟這張臺灣圖相同的大湖輪廓〔註14〕。

　　把馮秉正測繪的地圖、《諸羅縣志》的地圖和這一幅地圖合起來看，再加上第四節第二項所提到 1696 年由 Vincenzo Maria Coronelli 所繪的《中華東部》（Parte orientale della China），淡水河也是畫成一片遼闊的水域。第三項所提的《中華沿海地區海圖》（1728），也是有一個廣大的水域。表示從1695 年到 1728 年，三十多年時間，淡水河流域是水位很高，水面遼闊的景象。

六、1756～1759 **年的乾隆《臺灣輿圖》**

　　這幅《臺灣輿圖》繪製的年代不詳，學者推測成圖的時間是在乾隆二十一年到二十四年之間（1756～1759）。淡水河的河水已落下，社子島已經形成，島上已有漢人開墾，名為「和尚洲莊」。基隆河的下游河曲部分也已改觀，荷蘭時期的大曲流不見了，變成一個環狀的曲流，中間有一個島，這個島叫「浪泵洲」，很可能是一個常會淹水的地方，不適合住人。環繞這個浪泵洲的村落是葫蘆洲莊、奇武卒社、大浪泵社和瓦笠莊。

　　沿基隆河的三個番社，嗒嗒攸社、貓里折口社、里族社，位置也有所改變。里族社已經從原來的位置改到汐止樟樹灣一帶山區。這是里族社人把他們的田地或租、或典、或賣給安溪移民的結果。

〔註14〕盧雪燕，〈臺灣圖附澎湖群島圖說明書〉，臺北市：國立故宮博物院，年代不詳。

圖 2-24　乾隆《臺灣輿圖》

資料來源：複製品

　　在艋舺已設立行政機構「艋舺渡頭汛」，圖上記「安外委一員，兵二十名，東至雷裡社，三里，西至港邊五里，北至峰頭母山十里。」

　　圖上已有漢人開墾的莊園，計有：興雅撫徠莊、八芝蘭莊、上埤頭莊、興福莊、萬盛莊、鼓亭村、大加臘莊、朱厝崙莊、周厝莊、艋舺渡頭街、下埤頭莊、中港厝莊、中港墘莊等十三處。

　　這一幅地圖顯示，現今我們熟知的淡水河三條支流：基隆河、新店溪、大漢溪，在這時候已經成形，只是河道的形貌跟現在的形貌不一樣。新店溪在這是候是叫做「雷裡溪」。

七、1760 年的臺灣番社圖

　　這幅《臺灣番界圖》是乾隆二十五年（1760）畫的。臺北的三條主要河流的形貌都跟先前的狀態大不相同。基隆河出現一個大河曲，河曲中有一個浮出來的沙洲。新店溪與大漢溪交會處，也浮出一個沙洲，上面還有一個番社，叫雷裡社。再上去河的另一岸就是萬盛莊。原先的大片水域現在都不見了。

圖 2-25　臺灣番界圖

資料來源：《地圖臺灣》，頁 184。

八、1864 年郇和的《福島地圖》

　　清咸豐七年（1857）爆發英法聯軍之役，十年（1860）簽訂北京條約，接著簽訂《天津條約》，議定九口通商，淡水也在其列。根據條約，英國派領事駐淡水。郇和於 1861 年為廈門副領事，派駐臺灣。當英國駐打狗（今高雄）領事館設立後，他是第一任駐打狗領事。他在臺灣的兩年中，廣泛蒐集與研究臺灣本地的動物，斐聲於世，也繪製了一幅臺灣地圖。在他所繪製的臺灣地圖中，淡水河的河口那一段，由關渡到出海口的河道非常寬闊。關渡之內盆地地區有三條主要的水系，顯示已經不再是水面湮闊的大湖。

圖 2-26　郇和的《福島地圖》

資料來源：《經緯福爾摩沙》，頁 118，2011 年。

第七節　臺北曾經是古湖嗎？

　　翁佳音是反對臺北盆地曾經是古湖的大將。他在《大臺北地圖考釋》一書中質疑「康熙臺北湖」是地質學家和地理學家共同建構出來的。〔註15〕

一、斷陷坑說

　　最早提出「臺北古湖」之說者是日本學者丹桂之助。地質學者很早就注意到林口臺地與盆地內平坦的沙地間突兀的連接。1932 年，丹桂之助觀察到

────────────────
〔註15〕翁佳音，《大臺北古地圖考釋》，臺北市：稻香出版社，2006，頁 59。

林口臺地上有大量紅土與礫石堆積。他研究鑽井記錄也發現，在臺北盆地裡，最上部的鬆軟沖積層（他命名為「松山層」）的下方，也有類似的紅土礫石。丹桂之助認為，這片礫石層與林口臺地上的礫石應該是同時發生的，因此推論這兩個地層原來彼此相接，而且稱之為「林口層」。由於礫石是典型河流沖積所造成的沈積物，所以他進一步推斷，整個臺北盆地原來應該是一片河口平原，但是後來從臺地發生斷裂，產生了「正斷層」，造成臺北陷落，形成一個斷陷坑。

丹桂之助這種說法，成為著名的「斷陷坑說」，是早期臺北盆地形成說的重要理論之一。

二、偃塞湖說

另一個重要的理論，是 1921 年日本學者出口雄三提出的「偃塞湖說」，出口雄三發現關渡南北兩岸，都明顯存在相同的火山岩層，因此大膽推論臺北盆地原來是個海灣，但因為火山噴發，把灣口堵塞，結果形成盆地。

地震之後，關渡的河道一帶因此被落石阻塞，於是形成臺北湖。這個說法違反地質學。地震而造成的偃塞湖，通常發生在高山峽谷地帶。關渡的山丘比較緩，又是石質，不像沙砂質山丘那麼容易發生滑坡現象。在康熙年間，關渡一帶河口很寬，即使發生滑坡，也不太容易一形成偃塞湖。就算發生偃塞湖，由於觀音山與關渡地區都屬於大屯山火山群，當地的岩石是火成岩的鞍山岩，河水無法在數年之內就將其沖走，使臺北湖消失。因為這個古湖只存在三十多年就消失了。

三、地震說

受日本教育出身的地質學家林朝棨又提出「地震說」。在研究臺北盆地的第四紀地質狀況時指出，大約在一千五百年前左右，是十三行文化期的「海退期」。此期的盆地規模與現在的情形差不多。他採用郁永河在《裨海紀遊》的說法，認為在康熙三十三年（1694）發生大地震，「盆地之一部分陷落，海水又侵入盆地，成為康熙臺北湖。」「該湖的面積約一百五十平方公里，淹沒了盆地的西北大部，僅東南部及南部之近山部分露出水面」，其後「陸地又逐漸上升，海水弔逐漸退出盆地，遂呈今日之狀態。」〔註16〕

─────────────

〔註16〕林朝棨，〈土地志・地理篇〉（一）：地形，《臺灣省通志稿》，臺北市：臺灣省

地理學者陳正祥也在同一時段指出：「臺北盆地……曾數度陸沉。最近一次有文字記載的局部陸沉，係發生在清康熙三十三年（1694），……在郁永河所著的《裨海紀遊》裡，……在 1697 年時，今日關渡以內是個大湖泊，……又可推知當時的大湖，淹沒了盆地的西北部，僅東南部及南部近山的地方露出水面，……大地震時地面陷落數公尺是常有的事。」〔註 17〕他由郁永河的描述推論，郁永河進關渡口時看不見對岸，可見其面積之廣；海船可航行湖中，湖水必深。他也認為這個大湖是個鹹水湖，是因地陷引入海而形成的。新莊與關渡一帶海拔十公尺處有貝塚，盆地邊緣普遍存在濱海植物等現象，則可為盆地內有鹹水湖的佐證。他也由「竹樹稍露出水面」來推測，水深應不超過十公尺。

這個海水倒灌成古湖的說法經不起事實的考驗。因為二十年後，福建漳泉人士蜂湧而來開墾。海水浸過的土地是很貧瘠的，沒有三、五十年的淡水沖洗是不能耕種的。如果臺北盆地的土地真的是被海水淹沒過，必然貧瘠，就不會引來大批的漢人入墾。

到了最近幾年，更有幾種奇妙的理論來說明這個康熙古湖是如何形成的。列舉如下：

四、海水入侵說

臺北盆地發生規模 7 級的大地震，部分地區發生 5 公尺的的陷落，海水由關渡進入，淹沒盆地的西北部，形成所謂的「康熙臺北湖」。「康熙臺北湖」的存在時間並不長，隨著泥沙的堆積，湖水逐漸排出盆地，終於又回復了盆地平原的面貌。〔註 18〕

五、土地瞬間液化說

其論述地震如下：地震規模高達芮氏規模七，發生地點則是在臺北的新店或金山斷層。該地震發生的確切時間為 1694 年 4 月 24 日開始，之後大小餘震不斷，將近一個月。七級強度的地震讓臺北盆地多處土地瞬間液化，產

文獻委員會，1957，頁 314。又刊載於王國璠主修，《臺北市發展史》（一），
臺北市：臺北市文獻委員會，1981，頁 204～206，233～235。
〔註 17〕陳正祥，《臺北地誌》。
〔註 18〕孫立中、李錫堤、蔡龍玗，〈康熙臺北湖基於歷史文獻之初步探討〉，1992。

生了深達 3 至 4 公尺，面積超過 30 平方公里以上的「臺北大湖」。其範圍包含現今基隆河下游及其北側河道、社子島、關渡平原的一部分。〔註19〕

　　這個說法的缺點在於土地瞬間液化的區域，竟然不在地震位置上，而是出現在周邊較大的範圍，對我們早已習慣各級地震的人來說，實難理解。

　　而且違反物理學，要從固態的砂粒變成液態，必需要加上非常巨大的壓力和熱量，相當於幾百顆原子彈一起爆炸，才能辦到，絕不是一個小小的七級地震所能達成的。

　　上述五種說法，都沒有考慮到淡水河在社子與關渡之間原本就是寬廣如同大湖，只要到現今二重疏洪道五股八里的出口，就可以看到仍然廣大如湖的淡水河。

圖 2-27

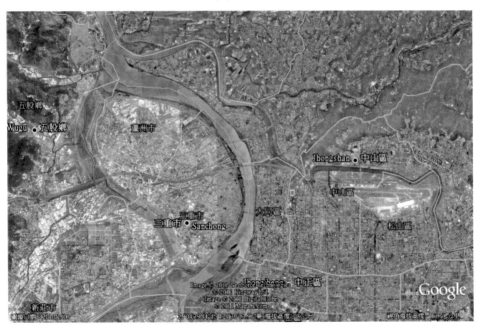

　　從第四、五、六節所記載的地圖，依照年代來看，配合這張空照圖，我們可以這麼想：臺北盆地的中央地勢較低，一旦雨水較多，或是有大颱風、下大雨，河水就會上漲。這時候看過去就有如汪洋大海。到了雨水較少的年

―――――――――――――――――

〔註19〕謝英宗《康熙臺北湖古地理環境之探討》，《臺灣大學地理學系地理學報》第 27 期，2000。

份，河水低落，河床露出來，河道就變窄了。來測繪地圖的人，如果碰到那些多雨潮濕的年份，就會看到一片廣大的水域；如果是乾旱的年份，就會看到裸露的河床，兩種情形所呈現的地形和地貌不同。

六、寒冷氣候說

竺可楨利用歷代的史書、筆記等資料，建構中國古代的氣候。依照他的研究顯示，中國自十四世紀以降的六百年中，寒冷的天數不是均等分布，而是分組排列。暖冬是在 1550 年至 1600 年、1720 年至 1830 年。寒冬是分布在 1470 年至 1520 年、1620 年至 1720 年、1840 年至 1890 年。這六百年中，十七世紀是最冷的一個世紀。有十四個非常寒冷的冬天。十九世紀次之，有十個寒冬。特別是 1650 年至 1700 年最為寒冷。〔註20〕康熙臺北湖就是出現在這個非常寒冷的時候，是自然不過的事情。

生活在臺灣北部的人都知道，每當有大陸強烈冷氣團南下時，臺灣的北部和東北部一定是陰雨綿綿的天氣。有時候，可以整個月都在下雨。雨量增多，淡水河的河面就變得很寬闊。民國一百年的一、二月，天氣非常寒冷，大陸強烈冷氣團一波又一波南下，六十天中，只有十天左右是晴天。因此，站在淡水老街的碼頭看淡水河的出海口和干脰門（關渡），就是像郁永河在《裨海紀遊》的描述，波濤起伏，謂為巨浸。如照片（圖 2-28，2-29）所示。

臺灣多地震，偶有強震。原住民的房子多為竹子所搭建的干欄式房屋，不耐震。因此，土人告訴郁永河，曾經有地震，屋子倒塌，應該不會像學者所推論的七級強震。

從本章所舉中外人士所記的地圖來看，康熙時天氣寒冷，淡水河的水面本來就高，加上較強的地震，干欄屋倒塌，土人四散逃逸。幾經傳說和演繹，就成為「發生大地震，地層陷落而為大湖。」

我的這種想法完全是生活常識。在淡水河邊長大，現在生活在基隆河畔，看著年復一年的河水起落，地貌的變化，再看看這些不食人間煙火的學者如何建構他們想像中的臺北古湖，才會感慨的在第一節中說，地圖不過是一時一刻的景像記錄而已。唯有按時間序列排起來，才可以看到其中的變化。

〔註20〕周振鶴，〈竺可楨與中國歷史氣候研究〉，《華夏地理雜誌》，2008。

圖 2-28

　　2011 年 2 月 16 日在淡水老街碼頭看關渡，波濤洶湧。是年，一月的平均
溫度是 9.2℃，寒流一個接一個，北部和東北部幾乎整個冬季都在下雨。高山
頂上白雪覆蓋，於是淡水河的河水大漲。看淡水河口更是江面寬闊，如下圖。

圖 2-29

第八節　小　結

　　本章利用古地圖來看臺灣從十七世紀到十九世紀在繪製地圖者意識中的形貌是如何的變化。那不是真正的臺灣島的形貌，而是在意識層面的形貌。我們清楚的看到，最初是看成三個大小大致相等的島嶼，北方的那個小島才稱作「福島」（Formosa），中間和南部的兩個島都叫「琉球」。這種情形前後持續了一百五十年。這代表那時臺灣西部河川水面廣大，其中有兩條河川的河面特別寬大，一條是北部的淡水河，另一條也許是濁水溪。

　　接下去的把淡水河畫成大湖或非常寬的大河。這種認知就是在十七世紀末年，十八世紀初年，會把淡水河看成是「臺北古湖」的張本。從西洋人繪製的古地圖和清代康雍乾三朝所測繪的臺灣輿圖來看，傳說中的「臺北古湖」只存在康熙末年、雍正年間，到乾隆十年前後，就不見了，大約只有三、四十年的時間。到了乾隆初年，水面退去，陸地露出，閩粵人士方才大舉入墾。

　　造成大湖的時空背景應該是當時的天氣特別寒冷，也就是十八世紀溫度最低的那一段時間。天冷，臺灣北部山區也就多雨，匯流到臺北盆地的水自然就多，以致形成廣大的湖面。

　　本章撰作於西元 2011 年春。這一年春的天氣非常冷，尤其是三月的氣溫是近四十二年來的最低平均溫度，請看下面淡水和臺北市在一至三月的氣溫記錄。

表2-1　2011 年 1 至 3 月淡水的氣溫和雨量記錄

月份	月均溫	最高氣溫／日期	最低氣溫／日期	雨量（毫米）	降雨日數
一月	12.7℃	21.6℃/18 日	5.5℃/1 日	108.6	19
二月	15.2℃	27.4℃/26 日	7.8℃/14 日	104.1	13
三月	14.7℃	27.6℃/20 日	8.6℃/8 日	118.2	14

資料來源：中華民國中央氣象局網站 http://www.cwb.gov.tw/

表2-2　2011 年 1 至 3 月臺北市的氣溫和雨量記錄

月份	月均溫	最高氣溫／日期	最低氣溫／日期	雨量（毫米）	降雨日數
一月	13.7℃	20.9℃/20 日	7.9℃/16 日	71.9	25
二月	15.2℃	27.4℃/26 日	10.2℃/14 日	68.0	14
三月	16.2℃	30.7℃/20 日	10.4℃/28 日	119.1	12

資料來源：中華民國中央氣象局網站 http://www.cwb.gov.tw/

　　因爲寒冷，降雨的天數多，雨量大，於是淡水河的水面就比較高。乘船航行於淡水河口時所看到的山水景像就是有如汪洋大海，用「大湖」來形容之，是非常合適的。

　　再接下去，到了十九世紀之後，由於漢人移民日益增多，河道因上游泥沙沖刷下來而日漸淤淺，方才形成我們所熟知的淡水河流域形貌。

　　繪製地圖的過程所展現的是那位，或那幾位，實地觀察和測繪地形地貌者對這塊土地的認知。再把這些認知，在腦海中形成一種意識，而後才把這種意識化成圖像，畫在紙上，方才成爲我們所看到的地圖。所以當我們在看不同年代的繪製的地圖時，不是只看外顯的、具體的圖像，更要體會那幾位繪圖者對這塊土地的認知。唯有如此，我們方才可以有比較正確和清楚的認知。

　　對這塊土地的認知竟然有如此巨大的差異。在年鑑學派的認知中，土地、地形、地貌是比較不會有大變動的。可是我們所賴以爲生的臺北這個盆地，三、四百年中，河道不斷的在改變，水面也不斷的在改變。及至近年，人爲的破壞力更甚於先前。布勞岱心目中的「永恆」，在我們這塊土地上所展現出來的，卻是「無常」。不僅地理環境是無常的，所有的人事展現也一樣是無常的，往後各章就會充分的說明這種人事上的無常。

第三章　人的舞臺

第一節　原住民的爭議

一、究竟是誰：凱達格蘭族？或馬賽族？

就時下通行的說法，在臺灣北部的原住民族是凱達格蘭族，有些學者質疑這個民族是否眞的存在〔註1〕。

最早提出「凱達格蘭族」的人是日本學者伊能嘉矩。1898 年他在一篇討論臺北與宜蘭的漢化原住民（也就是現在所謂的「平埔族」，清代官方所說的「熟番」）遷來臺灣的初始地點，以及後來族群分化的文章提到：這些原化住民最初從海外遷到三貂角，然後分成兩派，一派遷徙到宜蘭，一派遷到臺北。〔註2〕臺北方面的原住民自稱「Keta^{n}ganan」。可是伊能沒有註明這個稱呼出自那一個番社。他更進一步的推測，「雞籠」（keran）可能是番語，懷疑它可能是從「Keta^{n}ganan」族名轉變而來，中間的音節「ta^{n}ga」脫落，而成「kenan」。伊能在此文的末尾說：這是一種想法，尚待進一步的考證。

伊能後來並沒有做進一步的考證，到底有那些番社自稱爲「凱達格蘭」，也沒有繼續考證「Keta^{n}ganan」和「雞籠」兩詞之間的留語關係。可是他在稍

〔註1〕翁佳音《大臺北古地圖考釋》，2006，頁 33～34。鮑曉鷗《西班牙人的臺灣體驗》，2008，頁 93～95。

〔註2〕伊能嘉矩著，楊南郡譯註，《平埔族調查旅行記》，臺北市：遠流出版社，1996，頁 150～165。

後就把原本的推測變成定論〔註3〕。從此以後，就輾轉相抄，進而有人主張凱達格蘭族進入臺北盆地之後，族名的前後接詞「Ke-an」脫落，成爲「大加臘」「大加蚋」地名的起源〔註4〕。

翁佳音認爲這樣的研究像是在玩拆字遊戲。他更舉出語言學家淺井惠倫在東北部海岸做調查時，聽到的是「Basai」（馬賽），不是「凱達格蘭」。他指出，所謂北部原住民自稱「凱達格蘭」一事，來源是非常不確定。用百年前不確定的說法來「約定俗成」。作爲總統府前大道的名稱，成爲鄉土教材中的族名，是相當不値得的事。建議改用「馬賽族」也許比較適當〔註5〕。

鮑曉鷗更明白的指出，「凱達格蘭」看起來比較像是「日本的發明」，在二十世紀末才開始流行〔註6〕。在另一方面，西班牙和荷蘭文獻提到有一個共通語言的海岸村落網，也就是馬賽。其他聚落則不然，是位於河川盆地。

如此一來，臺北盆地的原住民究竟是同一族，或者只是一些散居的聚落，沒有統一的族稱。他們究竟是誰？就成了晦澀不明的模糊地帶。

二、社址的古今對照

相傳臺北平原上各原住民部落的祖先是從臺灣本島最東邊的三貂角登陸。文獻指出，在1695年地震之前，這個民族是臺北一帶最主要住民。如詳加細分，這個族的分佈範圍大約爲現今臺北市、基隆市、新北市的貢寮、新店、板橋及桃園北區。部分學者則以淡水河、基隆河、新店溪爲界，分爲南北兩支系，再加上十六世紀前遷移至宜蘭的一支（哆囉美遠社、Torobiawan），可再將該族區分成：馬賽族（Basay）與雷朗族（Luilang）。

據考證，現今臺北許多地名爲原住民的語言音譯而成，例如：大龍峒、北投、唭哩岸、八里、秀朗、艋舺、錫口、塔悠等。

〔註3〕伊能嘉矩、粟野傳之丞，《臺灣蕃人情事》，臺北市：臺灣總督府民政部文書課，1900。伊能在這本書中把「Keta^{n}ganan」看成是平埔番的一支。頁100～101。伊能嘉矩（署名A.B.C），〈臺灣に於ける地名の起原及び變遷〉，《臺灣慣習記事》二卷三號（1902），頁65。他在這本書中就直接斷定「雞籠」就是從「Keta^{n}ganan」省略中間的音節而來。

〔註4〕翁佳音《大臺北古地圖考釋》，2006，頁34。

〔註5〕翁佳音，2006，頁35。

〔註6〕鮑曉鷗，《西班牙人的臺灣體驗，1626～1642》，臺北市：南天書局，2006，頁95。

在臺北市，原住民主要聚落及其相對應的現址如下所示〔註7〕：

雷里社：今萬華區全德、壽德、興德、美德等里。

沙蔴廚社：今萬華區之舊龍山區一帶。

里末社：今萬華區之舊龍山區一帶。

了阿八里社（又名龍匣口社）：今古亭區花圃、愛國等里。

圭母卒社（又名奇武卒社或奎府聚社）：今大同區。

大浪泵社（又名巴浪泵）：今大同區臨江、福環、福境、文昌、老師、
　　　　大同、新塘、保安、保生等里。

塔塔悠社：今松山區永泰里。

里族社：今松山區舊宗、新聚等里

錫口社（又名貓裡即吼、麻里折口、麻里錫口等）：今松山區原先的
　　　　頂松、有福、豐祿、上壽、富全等里，現今合併成慈祐里。

毛少翁社（又名麻少翁社）：今士林區永平、倫等、三玉等里〔士林
　　　　芝山岩、雨農國小一帶〕。

唭哩岸社：今北投區風度、立農等里。

內北投社（又名內北頭社）：今北投區公仙、長安、中正、中央、溫
　　　　泉、光明、中心等里。

嘎嘮別社：今北投區一德、桃源、稻香等里。

三、淡水河流域的原住民社會

　　鮑曉鷗運用西班牙人的記錄來研究西班牙人占領臺灣北部時的實際狀況，寫成《西班牙人的臺灣體驗 1626～1642》一書。讓我們可以知道較多有關這個時期臺北盆地的情形。

　　西班牙人與原住民沒有什麼往來。但是對於盆地內兩條河流沿岸的土著分布狀況有非常清楚的概念。在西班牙人的記載中，他們比較熟悉基隆河流域，因為雞籠河是連繫淡水的聖多明我堡和雞籠的聖救主城之間的天然通道。

　　根據西班牙人的資料、1655 年荷蘭人給爾德辜（Simon Keerdekoe）的臺北地圖以及近人的研究〔註8〕，我們知道，過了雞籠河分支的入口，就是不到 50

〔註7〕 潘英，《臺灣平埔族史》，臺北市：南天書局，1996 年，第 60～62 頁。

〔註8〕 曹永和〈歐洲古地圖上之臺灣〉，《臺北文獻》第一期，1962，後收入氏著《臺灣早期歷史研究》，臺北市：聯經出版社，1979。村上直次郎譯註、中村孝志

人的小村「奇里岸」（Kirananna）。之後是比較大的村子「毛少翁」（Kimassow），
人口超過 400 人。再過去就是 80 人的大浪泵（Porompon）。最後是「奇武卒」
（Kimotsi），大約有 100 人，這個部落就在淡水河與雞籠河的交會處。

　　沿雞籠河往今天內湖、松山方向，有 4 個村落。第一個是塔塔悠（Cattaio，
今松山機場附近地區），有 200 人。接著是「里族」（Lichoco，今南松山），80
人。不遠處是「麻里即吼」（Kimalitsigowan，今松山饒河街），人口在 150～
200 人之間。再往上走是「峰仔峙」（Kippanas，今汐止）。原住民的獨木舟可
以通航到里族。「里族有兩個聚落，有 200～300 間屋舍，其中很大部分位於
山上。」這個記載相當模糊。證諸後來乾隆年間大批漢人湧入，向里族社頭
目承租土地時所簽下的契約，才知道里族社的範圍包括今天南港東新里、西
新里、三重里、大坑溪、舊莊、四分溪（今中央研究院所在地）、南港街等。
這些地方在十七、十八世紀時都是山區。這就說明「社址」和「社域」是有
不一樣的範圍。

　　西班牙人對於淡水河流域知之不多，只提到一個「武勝灣社」
（Pinnonouan）。荷蘭人的記錄就比較清楚，有戶口資料：

表 3-1　戶口資料

部落名／年代	1646 年	1647 年	1648 年	1650 年	1654 年	1655 年
Pinnonouan	223	231	230	263	245	235
Rieuweovas	119	125	140	136	135	116
Riwycq	146	152	146	145	135	107
Cournangh			25	36	38	30
Sirong	204	210	210	240	228	185
Rybats	181	187	181	148	89	91
Quimare					39	54
Paytsie		140	133	211		

　　從這些有限的人口資料中，我們知道，在十七世紀時，臺北平原的實際
情形是地廣人稀。這就為後來漢人大量擁入佃租土地，從事開墾工作，提供
有利的基礎。

校注《パタズィア城日誌》，東京：平凡社，1975。冉福立、江樹聲《十七世
　　紀荷蘭人繪製的臺灣老地圖》（上，下），臺北市：漢聲出版社，1997。

四、民族性與習俗

（一）部落間的關係

陳第的《東番記》是第一本實地訪察的記錄，他提到土著的社會缺乏有系統的治理，以及「壯士」的重要性。他說：

> 無酋長，子女多者眾雄之，聽其號令。性好勇喜鬥，無事晝夜習走。……疾力相殺傷，……所斬首剔肉存骨，懸之門。其門懸骷髏多者稱壯士。〔註9〕

西班牙傳教士干治士（Candidus）在 1629 年就記錄臺灣的原住民社會沒有共同的領袖。每個村落都是獨立的，沒有那個村落有自己的頭人〔註 10〕。後來西班牙人的記錄中也指出，原住民社會裡沒有「頭人」（cabeza）這種代表單一權威的個人。他們和陳第一樣，都發現這種社會組織重視老人和勇士。道明會傳教士艾基水（Jacinto Esquivel）稱這種人是「那些有較多石頭、陶壺、衣物和 tambobos（儲藏室）的人（即富人），地位其次者則是他們之間最勇敢的人，也就是馘首者。」〔註11〕

（二）獵　頭

在西班牙人的記載中，臺灣北部和東北部的原住民是互砍對方人頭的民族。其實這是東南亞各地原住民社會中常見的習俗。在家門口，高掛敵人的首級可以彰顯個人的男子氣概和無上的驕傲，同時可以贏得族人的尊敬。道明會傳教士艾基水記載了臺北平原各部落之間的友好和敵對關係：

> Quimaurri 和 Taparri 的土著與所有其他的聚落都有友善的交易往來，但是那些 Pantao 人則是 Senar 的敵人。來自 Senar 的人與來自武勝灣、Pantao 和蛤仔難的人為敵。住在淡水河岸的兩個分支的人，是蛤仔難人的敵人。……在西班牙人來到此之前，他們相互砍頭，並以狂飲之宴和 masitanguitanguich 來慶祝。為了榮譽將人頭砍下來的勇者，他們在頭部、腿上和手臂上做畫，但後來他們了解到這種惡習帶給他們村莊的麻煩之後，他們甚至不敢再砍同村人的頭顱，認為這樣會帶來霉運。……只有蛤仔難的土著還在繼續馘首。〔註12〕

〔註 9〕　參見 Laurence G. Thompson, "The earliest Chinese eyewitness accounts of the Formosan aborigines," *Monumemta Serica* 23, 1964, pp.170-178.

〔註 10〕　W. M.Campbell, *Formosa Under the Dutch*. London. 1903, p.15.

〔註 11〕　*Spanish in Taiwan,* p.181. 鮑曉鷗《西班牙人的臺灣體驗》, 2006, p.145。

〔註 12〕　*Spanish in Taiwan,* p.169-170。鮑曉鷗, 2006, 頁 146。

（三）劫　掠

　　鮑曉鷗的書上提到另一項跟馘首相關的行為，就是「劫掠擱淺在海岸的外國船隻，不論船上的人員是西班牙人、中國人、荷蘭人還是日本人。」就這一點而言，屠殺不幸的外國水手、伏擊西班牙人，也可看成是另一種形式的馘首行為。在他的書上列出了一些具體的事蹟：

　　　　據我人們所知，曾經發生過三起屠殺事件，一次埋伏攻擊。首先是
　　　　1628 年，靠近 Turoboan 的 Rarangus 土著殺害了 10 名「加法哈那
　　　　損壞了的舢舨船」上的人，掠奪了這艘補給船上的加農砲、金錢等
　　　　所有的物品。（SIT, 163～164）。其次，在 1632 年，Taparri de Viejo
　　　　（舊 Taparri）的土著殺害了 20 或 30 名「要前往馬尼拉，但在此
　　　　擱淺的柬埔寨戎克船」上的西班牙人（SIT, 173）。第三，同樣在 1632
　　　　年，一艘由雞籠航往馬尼拉的舢舨船在蛤仔難發生船難，（SIT, 174）
　　　　有 80 人被土著殺害，死者包括西班牙人、中國人和日本人（SIT,
　　　　163）。

　　西班牙人當然會展開反擊行動。尤其是 1632 年發生兩次劫掠事件。於是在距雞籠最近的舊 Taparri，抓了一名土著，嚴刑拷打，得知行兇者的住所後，就放火燒掉這些屋舍〔註13〕。

　　接著對蛤仔難展開報復行動。在蛤仔難南部殺了 10～12 名土著，燒了 7 座村落。可是由於土著人數多過西班牙人，西班牙人也無能為力，土著就更加驕傲，更看不起那些因恐懼而與西班牙人為友的土著。〔註14〕

　　伏擊也是讓西班牙人頭痛的問題。1628 年 8 月 4 日菲律賓總督在他寫給國王的信中提到：「這島上的土著不像我們第一次來的時候那樣規矩。他們利用我們的疏忽，以及我們向他們表示的信任，已殺害了多達 30 人……。」〔註15〕

　　1636 年 1 月，傅耶慈神父被 Senar 土著殺害。4 月又有 20 名士兵和 40 名工人前往Senar，要去召回只有 4 名士兵隨護的羅睦絡神父，卻遭到300名Senar戰士的伏擊。〔註16〕這次伏擊事件之後，西班牙人就放棄了淡水堡壘。〔註17〕

〔註13〕 *SIT*, 173。
〔註14〕 *SIT*, 163。
〔註15〕 *SIT*, 135。
〔註16〕 *SIT*, 242-244, 249。
〔註17〕 鮑曉鷗，2006，頁 148。

（四）母系社會

臺北平原上些原住民跟其他平埔族一樣，是母系社會。男性必須入贅，家產也由女性繼承，與漢人文化有極大的差異。十七、十八世紀時，泉州、漳州一帶的漢人移民大量進入臺灣。平埔各族因處平地，與漢人的接觸機會頻繁，加上漢人沒有攜帶家眷，因此通常都會再娶一房平埔族女子，也就是入贅到平埔族，順利取得該土地的支配權。在這種情況下，原有文化制度迅速消失，反而保留了一些比較古早的漢人習俗。

陳第的《東番記》對於這時候臺灣西部原住民社會所盛行的母系社會有所著墨。他寫道：

> 娶則視女子可室者，遣人遺瑪瑙珠雙，女子不受則已。受，夜造其家，不呼門，彈口琴挑之。口琴，薄鐵所製，齧而鼓之，錚錚有聲。女聞，納宿，未明徑去，不見女父母。自是宵來晨去必以星，累歲月不改。迨產子女，婦始往婿家迎婿，如親迎，婿始見女父母。遂家其家，養女父母終身，其本父母不得子也。

可是艾基水所記述的北臺灣土著是父權社會。他記錄打算娶妻的男人要付給女方父母一些 cuentas（珍貴的石頭，通常來自漢人）。對想要娶土著女性的西班牙士兵則要求銀幣〔註 18〕。男人可以休妻，可是因為畏懼妻家親友的壓力而不常發生。也不在意通姦。如果有這種事件發生，被控的人就得付給抓姦者一些 cuentas，事情就告解決。

（五）經濟活動

根據艾基水的記載，土著的生活以自給自足為主，最主要的經濟活動就是在淡水河邊種植稻米，主要的目的是自食，少有多餘的糧食可以出售。艾基水說：

> 在淡水這裡……土著既不使用牲口，也不知道該如何使用，對他們而言十分困難。他們從稻米剛剛長出稻穗那一刻起，直到收成時分，都日夜看守著農地，以免豬隻破壞作物。因為種稻要費很大的工夫，因此他們只種他們所需要的份量，沒有土著販賣大量的米糧，所賣的份量都只夠一兩個小型容器。因此，要收集到足夠一袋（cavan）的糧食，會遇上許許多多的麻煩。到最後不過收集到各種不同的穀

〔註 18〕 *SIT*, 177-178。

> 物罷了。這裡並不種植小麥，但土壤倒很合適。如此國王將會有足
> 夠的糧食來供給堡壘之用。同樣的，也是可以從國王在馬尼拉的據
> 點送來公馬和母馬，到這裡加以繁殖，因為淡水這邊的土地很平坦，
> 馬可以幫上很大的忙。〔註19〕

以上五項原住民的民族文化特質，都跟後來的漢人移民的生活有關。以前我
們只知在高山地區的原住民有馘首的習俗，讀西班牙人的記錄才知原來住在
臺北平原上的原住民也有這樣的習俗。那麼十八世紀初年，閩南漢人相繼前
來開墾，所要面對的生命威脅，不僅是來自新店、烏來方面會獵人頭的泰雅
族人，更是來自直接面對面租佃土地給他們的原住民。

第二節　漢人的移入

一、到海外謀生的動力

　　為什麼閩南人要向海外求發展？最傳統的說法就是「福建山多田少，謀
生不易。」閩南沿海地區的地形是在田野中有許多花岡岩的大石塊突地，耕
地就分布在岩石之間。這個地帶很短很窄，接著就是山地，岡巒起伏，綿延
不斷，平地就很少見。村落分布在山腰，乃至山頂的小平地上。像安溪縣，
全境幾乎都是山地，山地全都開闢成為茶園，從山腳一直開闢到山丘頂上。
由於山勢不高，在稍平整的地方就形成聚落。

　　美國匹茲堡大學的羅友枝（Evelyn S. Rawski）教授研究福建和湖南在十
八世紀的商業活動時，發現閩南人外出，從事遠洋貿易，是由於海外活動有
厚利可圖，因而有了「拉出去」的論點。也就是說，由於在南洋賺錢謀生比
福建容易，才會吸引大批福建的人民往海外走。根據萬曆《泉州府志》（1763
年成書）和《八閩通志》（1490 年成書）的記載，在 1500 年以前，閩南大部
分的內陸縣分，如：南安、永春、長平、龍巖、長泰、南靖等，幾乎無人知
曉海外貿易是怎麼一回事。海外貿易為沿海的少數商人所獨占。但是到了 1600
年以後，海外貿易不再由沿海少數商人所獨占，內陸居民開始投入海上貿易
活動。明末清初人謝肇淛在他的《五雜俎》卷四中提到，大約在明末萬曆時
（即 1600 年以後），福建地方有一半以上的人口離鄉背井，到海外去討生活。

〔註19〕 *SIT*, 170-171。鮑曉鷗，2006，頁 149～150。

這種變化跟西班牙人於 1572 年佔領呂宋島，與中國人交易日用品和絲綢，有密切的關係。明鄭小朝廷，基本上，就是閩南人在海外活動的具體成就。等到清領臺灣之後，方才著手規範這種海外活動。

二、清初的移民政策

　　清代對臺灣的治理長達 213 年。前 190 年基本上是處於消極被動的局面，施政的主要目標在於防止動亂，維持社會的安定；推行政令，使行政與內地成為一體；布施文教，根植政府所承襲的傳統文化。至於開拓發展，則甚少在意。結果是社會上動亂不已，特別是 19 世紀的分類械鬥，幾乎年年發生。可是最後的 20 年，臺灣建省之後，主政者銳意建設，方才脫胎換骨，成為當時全中國最進步的省分。

　　清朝對臺灣的開發可以劃分成四個時期：

(一) 從康熙二十三年至康熙五十七年（1684～1718）的 35 年是「綏撫時期」，以招徠各方人民從事開墾為主。

(二) 從康熙五十七年到乾隆五十三年（1718～1788）林爽文亂事平定，福康安奏請開放渡臺限制的 70 年是「海禁時期」。

(三) 從乾隆五十三年至道光二十二年（1788～1842）的 54 年，人口大幅增加，行政組織擴大，是為「拓展時期」。

(四) 從道光二十二年至光緒二十一年（1842～1895）臺灣割讓給日本為止的 53 年，由於淡水、臺南（安平）成為國際通商口岸，臺灣發展成為全中國當時最進步、最現代化的地區，是為「現代化時期」。

(一) 綏撫時期（1684～1718）

　　清朝消滅明鄭之後，對於臺灣的治理，出現「是棄、是留」兩種不同的意見。主張棄守的人認為：臺灣「孤懸海外，易藪賊，欲棄之，專守澎湖。」；更有人說：「海外泥丸之地，不為中國加廣；裸體文身之番，不足以共守；日費天府金錢於無益，不若徙其人而空其地。」閩浙總督姚啓聖則認為一旦不守，臺灣勢必再淪為海賊的巢穴。水師提督施琅上疏康熙皇帝，認為臺灣是沿海四省的前衛，一旦放棄，必為荷蘭人所佔，對沿海各省威脅甚鉅 [註20]。

〔註20〕施琅〈恭陳臺灣棄留疏〉，收入《靖海紀事》，臺灣文獻叢刊第 13 種，臺北市：

康熙皇帝徵詢大學士們的意見之後，裁定在臺灣設立府縣。康熙二十三年（1684）正式設立臺灣府，隸屬福建省，下設臺灣縣、鳳山縣（南路）和諸羅縣（北路）。澎湖設巡檢，由臺廈兵備道統轄。武官則設臺灣總兵官 1 員、副將 2 員、兵 8,000，分爲水、陸 8 營。於澎湖設副將 1 員，兵 3,000，分爲 2 營。

這個時候，東亞國際政治也進入一個安定的局面。日本由德川家康削平群雄，建立德川幕府，實行鎖國政策，只准少數荷蘭船隻到長崎互市，其他各國船隻一律不准到日本。在中國方面，康熙皇帝底定全國，政治上已無反對的勢力。南海基本上成爲中國人的內海，中國海商可以自由的出海貿易，外國的船隻卻只能在廣州一地互市。一個世紀後，英國人東來，急欲打破這種限制，終而有 1840 年的中英鴉片戰爭。

明末的戰亂使得一些地區人口銳減，等到回復承平時代，各地都在招徠流民前往開墾。於是，兩湖江浙各省的人民流向四川雲貴，閩粵兩省的人流向臺灣。清廷領臺之後，臺灣的漢人大批回流福建，造成人口銳減，大約只剩下 6、7 萬人。

領臺之後的第二年，開放海禁。首任臺灣知府蔣毓英親自勘察荒地，相土定賦，招納流亡，安撫土番，倡導文教，設立義學。鳳山縣知縣季麒光更留意招徠大陸的流民，前去開發。凡是應徵者，「到臺之日，按丁授地」，並配給明鄭遺留下來的牛隻，三年以後方才起征租稅。其它如臺灣道高拱乾、陳璸、王毓政；知府孫元衡、靳治揚，知縣沈朝聘等人，也都在這方面有良好的成績。於是，流民歸者如市，內地入籍者眾〔註21〕。

在另一方面也是由於中國開始面臨人口爆炸的壓力。由於晚明海上絲路暢通，原產在中南美洲的農作物，如番薯、玉米、馬鈴薯、辣椒、煙草等，傳入中國。這些作物大都可以在貧瘠地帶種植，以致原本不毛之地都化成了良田，糧食供應增加，人口自然也跟著上揚。康熙四十年（1700），中國的人口大約是 1 億 5,000 萬。乾隆四十四年（1779）時，已有 2 億 7,500 萬人。80 年之間，人口增加了一倍。這樣龐大的人口壓力，促使多餘的人口向尚未開發的地區移動。臺灣當時草萊未闢，自然就成了閩粵人士移墾的對象。

當時的臺灣對漳泉兩府「無田可耕，無工可傭，無食可覓」的人來說，

臺灣銀行經濟研究室，1958，頁 59～62。
〔註21〕季麒光〈條陳臺灣事宜文〉，收入陳文達《臺灣縣志》，臺灣文獻叢刊第 103 種，臺北市：臺灣銀行經濟研究室，1962，頁 228。

是冒險家的天堂。大家相傳「到臺地，上之可以致富，下之可以溫飽，一切農工商賈以及百藝之末，計工授值，比內地率皆倍蓰。」這種吸引力很自然的引發移民的風潮。移民多了，臺灣社會上也就弊病叢生，再加上清朝的法令刑罰又相當寬鬆，以致作奸犯科大有人在。社會也就逐漸呈現動盪不安的局面，清廷於康熙五十七年（1718）終於下令禁止閩粵人士渡海來臺，已渡臺者也不准回鄉搬眷來臺。

（二）海禁時期（1718～1785）

1、限制渡臺

這次海禁維持了 70 年。在限制渡臺令的規範下，凡是流寓臺灣而沒有妻室者，全部趕回原籍，交給地方官嚴加管束。凡是要渡海來臺灣者，一定要有官府所發給的照票（通行證），要詳細載明來臺灣的理由，落腳的地點。除非要落籍臺灣，否則一律註明回籍的時間，到了臺灣，要經海防同知廳驗明，轉發知縣查照。由於廣東沿海一直是海盜的家鄉，因而嚴禁潮州和惠州的人民渡臺。後來又規定，凡是要渡海去臺灣者，不准攜帶家眷，已在臺者也不能回籍把家眷接來。凡是抓到違反上述規定的人，一律驅逐回原籍。

這種不准攜眷的規定，連官員也不例外，主要的用意是在以內地的眷屬作為人質，以免來臺的官員萌生異志。這是非常不好的政策。對官吏而言，「人既視我為異己，我又何必效其死力。」於是，官不安其位，民不安其生，臺灣反而變得更不安定。

康熙末年，藍鼎元在平定朱一貴亂事之後，曾上疏主張：「民生各遂家室，則無輕棄走險之思。……凡民人欲赴臺耕種者，務必帶有眷口，方許給照載渡，編甲安插。」〔註 22〕這種建議在雍正十年（1732）方才被清廷接納，而放寬渡海的禁制。規定在臺有田產工作、安分守己者，若願攜眷入籍，准其搬移入臺。次年，清廷又復准調臺文職官員知縣以上，年逾 60 而無子嗣者，得申請攜眷入臺。

可是禁令一鬆，移民者日益增加，發生許多問題，一時不易平定，於是在乾隆五年（1740），又以居留內地之眷屬均已搬遷為藉口，停止給照，不准招眷來臺。乾隆十一年（1746）又開放，如有祖父母及妻子欲赴臺侍奉就養，仍准給照。但十三年又再禁止。一直到乾隆二十五年（1760），福建巡撫吳士

〔註 22〕藍鼎元《平臺紀略》〈經理臺灣疏〉，康熙 60 年，臺灣銀行經濟研究室編，臺灣文獻叢刊第 14 種，1957，頁 68。

功向乾隆皇帝上〈請准臺民搬眷並嚴防偷渡疏〉，力陳搬眷禁令的弊害。清廷方才再度放寬限制，讓已在臺的人民搬眷。從此以後，清廷不再限制閩粵人民的往來。至於對官員的限制，直到乾隆四十一年（1776）方才正式廢止。

這70年中，由於禁渡政策，造成臺灣人口結構的不均衡狀態，男性人口遠多於女性人口，有的村莊竟然沒有女性。因此，社會上打鬥的事層出不窮，終至釀成乾隆五十一年（1786）的林爽文之亂。清廷花了三年的時間方才平定。爲了嘉獎諸羅城的居民協助官兵守城，特別把「諸羅」改名爲「嘉義」。亂事平定後，清廷檢討亂事發生的原因，終於廢止禁渡令，准許安分良民攜眷渡臺，於是引發大規模的移民潮。主要是來自漳州、泉州、嘉應州、潮州和福州等地。

由於海禁，以致偷渡盛行。周元文在重修《臺灣府志》時描述當時的人口狀況：「自數十年來，土著之生齒日繁，閩粵之梯航日眾，綜稽簿籍，每歲以十數萬計。」以下的統計數字可以說明清代前期臺灣人口的增加情形：

表3-2　18世紀後半期臺灣人口增長情形

時　　　間	人　　數
康熙二十三年（1684）	70,000人
乾隆二十八年（1763）	666,040人
乾隆二十九年（1764）	666,210人
乾隆三十年　　（1765）	666,380人
乾隆三十二年（1767）	687,290人
乾隆三十三年（1768）	691,338人
乾隆四十二年（1777）	839,803人
乾隆四十三年（1778）	845,770人
乾隆四十六年（1781）	900,940人
乾隆四十七年（1782）	912,920人
嘉慶十六年　　（1811）	1,945,833人

資料來源：陳孔立《臺灣歷史綱要》1996:122。陳清敏等《認識臺灣》，1996:144。

表3-2的人口數是從宮中檔奏摺得來的，是以需要繳稅的定居人口爲計算標準，至於流動人口就無從統計了。從表中可以看出，乾隆五十三年（1788）廢除渡海禁令之後，閩粵人士大舉來臺開墾。

2、封山令

封山令則是在限制臺灣的漢人不准入山開墾。因爲高山峻嶺是反清叛徒最好的藏身亡命之所，容易據險爲亂，甚而勾結原住民圖謀不軌。在另一方面，也是爲了防止漢番之間發生衝突。因此，規定不准人民私入番境，禁止在原住民的部落附近從事抽藤、捕鹿、伐木，更不許把貨物偷運進入番界。漢民不得與番女結婚，已經娶番女者，不得再與番社有所往來。來臺的商船若與生番貿易，或偷漏出海者，一律以通賊論處。失察之官員調職罰俸。

這些封山的規定最後也跟渡臺禁令一樣，成爲具文，有名無實，禁者自禁，行者自行。嘉慶年間越過中央山脈，設置噶瑪蘭廳，就是對封山令的挑戰。到了道光、咸豐年間，積極開發山地，更是嚴重考驗封山令。

三、漢人在西部的開拓

在十八世紀初，到臺灣來開墾者必需先向官府提出申請，官府就會委派熟知番社事務的「番割」、「通事」等人前往實地會勘，查明確實沒有侵佔等事，並且公告周知，以免他人提出異議。這些手續完成後，方才發給墾照。

倡議開墾的有力人士，稱之爲「墾首」，事先以招股的方式，湊足一筆股金，經過中間人的介紹，向官府申請開闢原來不屬於番社的土地來開墾。像臺北的開拓就是這方面的例子。康熙四十七年（1708），戴歧伯、陳逢春、賴永和、陳天章、陳憲伯等人或墾戶，聯合申請開墾上淡水的土地。諸羅縣知事宋永清派遣社商、通事和土官會勘是否有所侵佔番社的土地，回報認爲沒有妨礙，乃於康熙四十八年（1709）七月批准了他們的申請，准許在上淡水大佳臘地方的開墾。在另外一張古契字〈仝立合約字〉，這五個人或墾戶建立三個墾戶——陳賴章、陳國起和戴天樞〔註23〕：

> 戴歧伯、陳憲伯、陳逢春、賴永和、陳天章，因請墾上淡水大佳臘地方荒埔壹所，東至雷匣秀朗，西至八里分、干脰外，南至興直山腳下，北至大浪泵溝，立陳賴章名字。又，請墾淡水港荒埔壹所，東至干脰口，西至長頸溪南，南至山，北至滬尾，立陳國起名字。又請墾北路麻少翁社東勢荒埔壹所，東至大山，西至港，南至大浪泵溝，北至麻少翁溪，立戴天樞名字。以上參宗草地，俱于本年柒

〔註23〕〈康熙四十八年上淡水社大佳臘地方墾單〉，收入高賢治主編《大臺北古契字集》，臺北市文獻會，2002年，頁11。

月內請墾單參紙，告示參道。茲相商，既已通仝請墾，應共合夥招
耕，議作五股公業，實爲友五人起見，而千斯倉、萬斯箱，爲吉兆
矣。則凡募佃以名創置農具等項，照股勻出，所謂通力合作。至于
收成粟石納課之外，又當計得均分，毋容紊亂。一有涉私以及遇事
推諉，不共相爲力者，則擯而逐之，各無後悔。總以同心協力共成
美舉、相期永遠于無替耳。所有墾單、告示陸紙，各收壹紙，開列
於後。今欲有憑，公立合約，各執爲炤。

今開

戴岐伯收麻少翁墾單壹紙

陳憲伯收上淡水港南墾單壹紙、告示壹紙

陳逢春收大佳臘告示壹紙

陳天章收大佳臘墾單壹紙

賴永和收麻少翁告示壹紙

　　　　戴岐伯　陳憲伯　陳逢春　賴永和　陳天章

康熙肆拾捌年拾壹月　　　日仝立同約

　　墾荒需要大筆資金，這些股東們在合約中言明：「茲相商，既已通同請墾，
應共合夥招耕，議作五股公業，實爲友五人起見。」如有違犯，就會遭到驅
逐的處罰。

　　從康熙末年開始，臺北盆地內漢人的墾戶相繼成立，大規模的從事水田
拓墾，先是沿河開田，繼而開鑿水圳，引水灌溉原本無水可用的旱田。因而
使得漢人的水田日益廣闊，終至佔滿整個臺北盆地的盆底地區。原來住在臺
北盆地的原住民在賣盡族產之後，遷徙到周邊的山麓地帶。

　　來臺灣開墾需要有相當的財力做後盾，才可以應付官府、通事的需索，
以及龐大的水利工程的興建與維護，絕不是升斗小民可以負擔。因此，他們
的動機就不是單純的爲了「就食容易」，而是爲了龐大的經濟利益。米和糖是
最主要的兩項商品作物。由於福建田少人多，在臺灣種稻米，運回福建去賣，
可獲巨利。蔗糖更是販售全中國。成色最好的白糖賣到蘇州、揚州；次一等
的糖賣到天津、牛莊、登州、廈門；再次一等的黑糖才留在本地銷售。乾隆
九年（1744）范咸在《重修臺灣府志》描述當時臺灣糖業的興盛情形是「全
臺仰望資生，四方奔走圖息，莫此爲甚。糖斤未出，客人先行定買。糖一入

手，即便裝載。」〔註24〕

　　番社與番社之間的甌脫之地很快的就開發完畢，晚到者就直接向番社承租土地來耕作，官府也鼓勵這麼做。雍正二年（1724），清廷批准「福建臺灣各番鹿場閒曠地方可以墾種者，令地方官曉諭，聽各番租與民人耕種。」因此，平地各族原住民紛紛把他們打獵的草場租給漢人。原住民成為「番大租」的主人，每年坐收定額的租稅，形成所謂的「番業漢佃」，也就是閩南常見的「一田多主」制。這種大租權一直維持到1904年，方才被日本人明令廢止。

〔註24〕范咸《重修臺灣府志》，卷十七〈物產〉「糖」（附考），臺灣銀行經濟研究室編，臺灣文獻叢刊第105種，1972。

第四章　大舉移墾

第一節　漢人心目中十八世紀初的北臺灣

　　漢人對於淡水、雞籠地方最早的認知，可以用江日昇所寫的《臺灣外紀》康熙十九年（1680）十月條的記載來說明之。那時候鄭經用兵閩南沿海，無功而返。清廷的海壇總兵林賢揚言要「飛渡雞籠山，據爲老營，漸次用兵而攻臺灣。」於是在明鄭主事的馮錫範呈給鄭經的報告云：

> 雞籠山……前呂宋用天主教巴禮建院，與土番交易，因地生硫璜，不產五穀，運接維艱，故棄而去。迨先王（指鄭成功）得臺灣，縱紅毛歸國，紅毛聽通事楊宗九謀，將所有夾板駛到雞籠山，……後係黃安督兵追攻紅毛，……此地最難居也。……若遣將固守，必當運糧艱難，且虞水土不服。不如遣一旅前去巡視，將雞籠山城墮爲平地，棄而勿守，林賢若來，使無安身之處。〔註1〕

　　明鄭派遣林陞帶兵北巡到基隆，所看到的景象是「形勢奇秀，峰巒高聳。而且土地肥沃，溪澗深遠，是未闢荒蕪之膏腴，暫爲鳥獸之藏窟。」〔註2〕但是，「硫璜所產，最盛於夏秋，故五穀不生，難以聚眾。」所以「（林）陞督兵士，將雞籠城悉毀爲平地，而回復命。」〔註3〕

　　尹章義認爲，鄭經與他的部將對淡水、雞籠，乃至於整個臺北地區的共

〔註1〕 江日昇，《臺灣外紀》（方豪校本），臺灣文獻叢刊第 60 種，1960，頁 375～376。
〔註2〕 同上註。
〔註3〕 同上註。

同認知就是「不產五穀、運接困難」、「水土不服」、「五穀不生、難以聚眾」，雖然明知這個地方「是未闢荒蕪之膏腴」，可是仍然棄之而去。〔註4〕

　　江日昇記這一段事情的時候，已是明鄭將要覆亡前的兩年，也就是1682年。他對臺灣北部的認知還是這種荒外之地，就不可能有民間流傳的說法，說是在明鄭建立之初曾經派部將來屯墾臺北這回事；當然也不會有鄭成功到鶯歌和劍潭的事情。

　　清康熙二十三年（1684）臺灣入大清版圖。此後四十年間，這種「鬼域」的認知並沒有什麼改變。康熙三十六年（1697）因福州軍火庫失火，需要補充火藥，郁永河來奉命來臺灣採購硫璜。他把在臺灣的見聞寫成《裨海紀遊》一書，書中提到上淡水（今淡水、雞籠）、下淡水（今高雄）的情形，兩地都是荒涼未闢，人煙絕少的地方，尤其是上淡水的淡水、雞籠等地更是有如「窮山惡水」。書中記道：

> 余事既畢，擬旦日登舶，郡守靳公（名治揚，號斗南）、司馬齊公（名體物，號誠菴）咸謂余曰：『君不聞雞籠、淡水水土之惡乎？人至即病，病輒死。凡隸役聞雞籠、淡水之遣，皆欷歔悲嘆，如使絕域。水師例春秋更戍，以得生還為幸，彼健兒役隸且然，君奚堪此？曷令僕役往，君留郡城，遙制之何如？』余曰：『茲行計役工匠、番人數百人，又逼近野番，不有以靜鎮之，恐多事，貽地方憂；況既受人託，又何惜一往？』〔註5〕。

　　再加上前面記述臺北原住民有獵首、劫掠的習慣，在漢人的心目中，十八世紀初的臺北平原是一個荒涼的絕域。可是就在這個絕域中，開展出一片美麗的漢人家園。

　　如前章所述，在1750年之前，又因為氣溫較低，雨量較多，淡水河、基隆河的河水水位較高，形成一個廣闊的水面，像是一個大湖。這個大湖最具體的表現，就是康熙五十六年（1717）《諸羅縣志》「諸羅縣山川總圖」中的〈千脰門和靈山宮圖〉和雍正元年（1723）的〈臺灣圖附澎湖群島圖〉。到了乾隆二十年（1753）前後，這個廣闊的水面逐漸退去，閩南的漢人方始大舉入墾，蔚為風氣。

〔註4〕　尹章義，〈臺北平原拓墾史研究（1697～1772）〉，《臺灣開發史研究》，頁35。臺北，聯經出版社，2003。
〔註5〕　郁永河《裨海紀遊》卷中，康熙36年，臺灣文獻叢刊第44種，1961。

圖 4-1　雍正時的臺北大湖

資料來源：清雍正朝臺灣圖附澎湖群島圖

第二節　入墾臺北

一、康熙末年（1684～1722）

　　臺北市文獻委員會編了四集《大臺北古契字》〔註6〕，總匯臺北地區公私所收藏的清代和日據初期的民間契約。在不動產類上，多半是土地和建物的賣契、交換字、永退耕字、讓地字等。綜觀這四集的古契字，屬於康熙年間的契字很少，只有康熙四十八年（1709）的陳賴章墾號申請開墾大佳臘地方的墾單與合作單位之間的合約。

　　　　上淡水社大佳臘地方墾單

　　　　臺灣府鳳山縣正堂紀錄八次署諸羅縣事宋

　　　　為懇給單示以便墾荒裕課事。據陳賴章稟稱，竊照臺灣荒地現奉

　　　　憲行勸墾章，查上淡水大佳臘地方有荒埔一所，東至雷匣秀朗，西

　　　　至八里坌、干脰外，南至興直山腳下，北至大浪泵溝，四至並無妨

　　　　礙民番地界。現招佃開墾，合情稟叩金批，准給單示，以便報墾陞

　　　　科等情。業經批准行查。票著該社社商通事、土官查勘確覆去。後

　　　　茲據社商楊永祚、夥長許總、林周，土官尾秩、斗謹等覆稱，祚等

〔註6〕 高賢治編著，《大臺北古契字》、《大臺北古契字二集》、《大臺北古契字三集》、《大臺北古契字四集》，臺北市：臺北市文獻委員會，2002、2003、2005、2007。

遵依會同夥長、土官，踏勘陳賴章所請四至內，高下不等，約開有
田園伍十餘甲，並無妨礙，合就據實具覆各等情到縣。據此，合給
單示付墾。爲此示給墾戶陳賴章，即便招佃前往上淡水大佳臘地方。
照四至內開荒墾耕，報課陞科，不許社棍閒雜人等騷擾混爭。如有
此等故違，許該墾戶指名具稟赴縣，以憑拿究。該墾戶務須力行募
佃開墾，毋得開多報少，致干未便。各宜凜遵毋忽。特示。

康熙四十八年七月二十一日給　　發淡水社大佳臘地方張掛

　　這張單示的原件在日據初年由艋舺士人洪文光家所藏。洪文光是前清時
臺北城內的秀才。伊能嘉矩等日本學者稱這張文件是「世間稀有的古文書」。
事隔一百多年，現在已經無人知道它的下落。

　　這張墾單所列明的「四至」，據《大臺北古契字》上的說明，正確的位置
如下：「東至雷厘秀朗」，是今天臺北市的公館福和橋頭到東園路的華中橋頭；
西到「八里坌干脰外」，是今天關渡媽祖宮正對面的獅子頭山；「南至興直山
腳下」，在今天新北市泰山區山腳村，大概是今天的泰山國中附近也就是林口
臺地的東麓；「北至大浪泵溝」，是舊稱「番仔溝」，原址是現在中山高速公路
與延平北路五段交岔口以東到劍潭段。整個陳賴章墾戶所申請開墾的土地如
地圖 4-2 所示。

圖 4-2　陳賴章墾號所申請開發的範圍

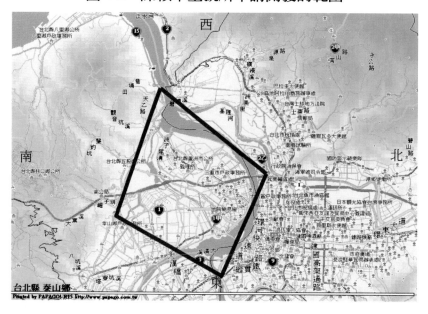

圖 4-3　從臺北盆地空照圖標示陳賴章墾號的位置

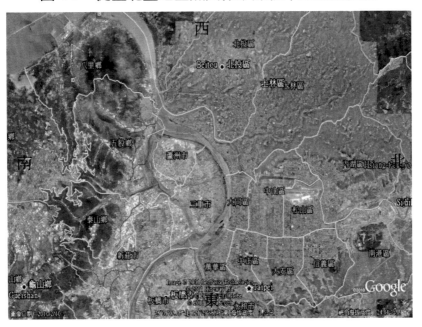

　　無論是從平面地圖或是空照圖來看陳賴章墾號所申請開墾的範圍，都相當廣大，包括現在的萬華、三重、蘆洲、泰山與一部分新莊等地。墾單中說的「約開有田園伍十餘甲」。用現在的地圖來看，它的範圍包括今天新北市的永和、中和、三重、五股、蘆洲、泰山、新莊各區。用今天的測量方法，它的面積高達 124.2 平方公里。兩者土地的計量相差太大。

　　可是我們用 1723 年繪製的雍正朝《臺灣圖附澎湖群島圖》來看，就不同了。由於當時水面很廣闊，有些地名的位置跟現在的位置不同。像秀朗就在水面的南方，也就是在淡水河的南岸，不是現在的北岸。而這一張圖的時間更貼近陳賴章墾號成立的時間。於是，我們依照上一章提及的陳賴章、戴天樞、陳國起三個墾號的邊界，在這張地圖上，可以標示出他們的位置。這時，我們所看到的陳賴章墾號的範圍就沒有那麼廣大。陳國起和戴天樞這兩個墾號的位置也相當清楚，頗能符合當時的狀況。（圖 4-4）

　　在這個文件中，提到「社商楊永祚，夥長許總、林周」，顯然都是漢人。而且，夥長許總的後人現今仍居住在松山和內湖的下塔悠地方。在臺北市的耆老座談會上，有人稱許總是「有資料可考入墾松山的第一人」。〔註7〕

〔註7〕　其地爲凱達格蘭平埔族塔塔悠社舊址，清代闢爲塔塔悠庄。今金鳳里及精忠

依照這一張古契所說的地點，我們用雍正元年所畫的臺北地圖為底，就可以標示這三個墾號的位置，如下圖所示。

圖4-4　臺北康熙末年的三個墾號的位置（作者自繪）

社商是與官府有契約關係，承攬社餉，官府特准他在番社內從事交易買賣的人。從另一個角度來看，「社商」是從荷蘭時期以來，一直到清初，官府治理番社的代理人。他的手下是「夥長」。所謂「夥長」是受社商的委派，常駐社中，督導番人稽查贌稅之額的人。許總的任務就是如此，因此，他在塔塔悠社擁有至高的大權，可以納兩位塔塔悠社女子為妾。儼然是一方之霸，子孫繁衍至今。

既然社商和夥長都由漢人擔當，顯示在陳賴章墾號提出申請之前，已經有一些漢人以經商、收稅、入贅或其他的辦法，進入臺北平原，建立家業，更掌握了地方上的各種資源，成為實質的掌控者，只是為數不多而已。

1980年前後，尹章義在做《新莊志》的調查時，拜訪當地的張士箱家族，

里北半部地區。其地雖居松山區最北端，但卻是大佳臘堡漢人最早入墾之地，入墾者為許建總。許建總號朝總，一名許總，係福建泉州府南安縣四十一都山頭鄉人。元配留在老家，在此另娶塔悠社二女為妾。共有十子，六子在臺北，是為「許六合派」。在1964年時，有150戶，一千多人在下塔悠地方居住。資料見臺北市文獻委員會主編，《臺北市地名與路街沿革史》，臺北市：臺北市文獻委員會。民91（2002）。

張家展示一箱從清代留下來的古地契，其中有一張有關「陳賴章」墾戶的契文，才知道這個墾號有五個股東，建立了三個墾號，都是在淡水河的沿岸。這張契文的全文已見第三章第二節，頁83～84，在此不再重複抄錄全文。

從這兩張契字來看，有幾點事項值得我們注意。

第一，開墾是一件耗費巨財力的工作，往往不是一人一戶可以獨立負擔。於是需要招股，集合眾人之力，來從事開墾工作。

第二，各股東之間一定要精誠團結合作，否則容易遭到失敗。要不然，就不會出現「一有涉私以及遇事推諉不共相為力者，則擯而逐之，各無後悔。總以同心協力，共成美舉，相期永遠于無替耳。」這樣的規定。

第三，這時在淡水河兩岸的原住民已經沒有什麼力量。不再像西班牙人占領時期那樣的凶悍，而是馴服於大清的子民。不再出現獵頭的習俗。由於治安上有了保障，閩南的漢人才敢相率前來佃租田地。

第四，康熙時臺北的開墾是從淡水河口，溯河而上，逐漸向內陸擴展。在淡水的南方，淡水河的北岸，成立了「陳國起」墾號。在今天唭哩岸地方，成立了「戴天樞」墾號。在河的南岸成立了「陳賴章」墾號。

第五，漢戶既立，就大規模的從事水田拓墾，先是沿河開田，繼而開鑿水圳，引水灌溉原本無水可用的旱田。因而使得漢人的水田日益廣闊，終至占滿整個臺北盆地的盆底地區。原來住在臺北盆地的原住民在賣盡族產之後，遷徙到周邊的山麓地帶。

二、雍正朝（1723～1735）

在雍正朝的十三年裡，臺北一直是一個大湖，能夠開墾的土地不多，只是大湖周邊露出水面的土地而已。以致現在留下來的佃耕或典買土地的資料不多。四大本的《臺北古契文》中，在第一集，記錄基隆淡水地區有雍正十三年（1735）1件、海山地區（興直堡）雍正五年（1727）1件、八年（1730）2件；八里南坎地區於雍正十一年（1733）1件。第二集中有4件，但都是重複記錄。第三集中記錄了芝蘭一堡1件。總共是6件。

把這6件古契所陳述的地點、時間、典賣原由、立契原因、資料來源等項，用一個表格來呈現之：

編號	年　代	地　點或番社	立契理由	金　額	申　請　人	資　料　來　源
1	雍正五年 1727	興直堡	原本荒蕪，與民番無礙		墾戶貢生楊道弘申請開墾荒地，官給墾單	二集，頁 535。
						臺灣私法頁 231～232
2	雍正八年 1727	興直堡	請給嚴禁告示，以杜混累		墾戶貢生楊道弘	二集，頁 536。
						《大租取調書》附屬參考書上卷，頁 12。
3	雍正八年 1730	興直堡	本社課餉無徵	每年貼餉銀 50 兩廣	墾戶楊道弘贌典番社荒埔	二集，頁 537。
		武勝灣社				《大租取調書》附屬參考書上卷，頁 11。
4	雍正十一年 1733	八里南坎坑仔社	界內壙闊，乏人開墾	三年後依漢人庄例，一九五抽的大租	招漢人陳接前來開墾	臺北古契字集，頁 531。
5	雍正十三年 1735	雞籠圭柔社	番眾耕作不及，乏銀完餉	銀貳拾兩番廣	賣與王啓林，廖楊世	《大臺北古契字集》，頁 351。
						平山勳《臺灣社會經濟史全集》第六輯，頁 95～96。
6	雍正十三年 1735	毛少翁社		銀 13 兩	水田，漢人自行出售與漢人	三集頁 115。
		芝蘭一、二堡				

　　分布地區都在今天淡水河流域的靠山地區，不是盆地的中地區。顯示當時的臺北盆地中心確實是水面，不能開墾。等到乾隆二十年前後，這個水面逐漸退去，方才有大批的漢人前來開墾。

　　在前面一章已經提到過，清初的海禁政策抵擋不住移民的熱潮。雍正十年（1732）清廷放寬渡海的禁制。從上表的資料我們看到，當禁令一開放，立刻就有人前來臺北向原住民贌典荒地，從事開墾。

三、乾隆朝（1736～1795）

　　解禁之後，移民者日益增加，發生許多問題，一時不易平定，基於治安的理由，渡海禁令變得反覆不定。乾隆五年（1740）禁止接眷來臺。乾隆十一年（1746）又開放。但十三年（1748）又再度禁止。一直到乾隆二十五年（1760），在福建巡撫吳士功的力爭下，才正式開放，不再限制閩粵人民的往來。

　　在《大臺北古契字集》中另有一張乾隆二年（1737）的古契字，提到在

康熙五十九年（1721），有林天成、陳鳴琳、鄭維謙、陳夢蘭、朱焜侯、陳化伯等人在淡水大加臘、八芝連林、滬尾、八里坌、興直等地購置五處草地[註8]。顯示在康熙末年已有不少漢人墾戶，在比較高亢的地方購置草地，從事開墾。而且財力雄厚，可以一次申請開墾五個地方。

利用臺北市文獻會出版的四冊《大臺北古契字集》所刊載的乾隆年間古契字，做成下面的表格，可以得到以下幾點：

第一，從現存的大臺北地區古契字來看，在乾隆二十五年（1760）之前，開墾地點是零散的，在此之後，方才慢慢的密集起來。顯示臺北地區的開拓主要是在乾隆三十年（1765）之後，完全符合清廷對閩粵移民的開放政策。

第二，最先開拓的地方是淡水河出海口、從淡水到基隆的北海岸、基隆河中下游地區、近林口臺地的山腳下。反而是本書的主角大稻埕是很晚方才開發的地區。也就是說，在乾隆年間的開發是以「土地」為主要的對象，而不是商業貿易。大稻埕的興起代表臺北盆地的經濟發展從「農業」轉向「商業」。

第三，最晚開發的地區是新店，因為靠近原住民泰雅族的活動範圍。這時候，烏來的泰雅族人依舊維持獵頭的習俗，時常威脅漢人移民。

乾 隆	萬華	大隆同	松山	南港內湖	大安	新店	士林	北投	基隆淡水	中和永和	新莊五股	八里南坎	板橋
1 （1736）											1		
2 （1737）											1		
3 （1738）			1				2						1
4 （1739）													
5 （1740）	1								1			2	
6 （1741）													
7 （1742）	1												
8 （1743）								1			2		
9 （1744）											1		1
10 （1745）						1			1				
11 （1746）									2			1	
12 （1747）							1		1			1	
13 （1748）				1	1				1		1		1

[註8] 〈乾隆二年全立合約〉，《大臺北古契字集》，2002，頁13。

14（1749）													
15（1750）											1		
16（1751）											1		
17（1752）			2					1	1		3		
18（1753）			1					2	2		1	3	1
19（1754）													
20（1755）			1		1				1		1		
21（1756）													
22（1757）											4		1
23（1758）	1										1		
24（1759）	2				1			2					
25（1760）	1												
26（1761）	1			1				3			2		
27（1762）	1		1				2				2		1
28（1763）	1		1					2				1	1
29（1764）	1	2						1				1	
30（1765）	1	1		1				4			3		
31（1766）								1					
32（1767）			1			1	1	2	3		2		
33（1768）		1	2			1							
34（1769）	1		1			1	1				2		
35（1770）	1					2		2		2			
36（1771）			2			1		1					1
37（1772）				1				2	1			2	
38（1773）	2		2			2		2	1	1		1	
39（1774）			1				1	1		2			
40（1775）										1	1		
41（1776）	1			1	1			1			1		
42（1777）					1			3				1	
43（1778）			2	3	1			1				2	
44（1779）			1	1				1	1			2	
45（1780）				1				1	2				1
46（1781）						2			1	1	1		
47（1782）			3			2		1		1			2
48（1783）	1		2	1				2	1	1	1		
49（1784）								2	2		1	1	1
50（1785）	2	1		4				2	2				
51（1786）			2						1				5

52（1787）		1	1					1		
53（1788）		1		1				2		4
54（1789）	1					1	3	1	1	
55（1790）					1	4	2		1	
56（1791）					1				1	
57（1792）	1			1		2	2		1	
58（1793）			1		1				1	
59（1794）	1				1					
60（1795）		2			4					

　　《臺北市志》上有三張開墾地圖，一張是乾隆六年（1742），一張是乾隆二十九年（1764），一張是同治十年（1871）。從這三張圖可以清楚的看到漢人開發的軌跡是先在淡水河口沿岸，繼向大漢溪流域、桃園臺地，乃至於基隆河的中上游地段發展。

圖 4-5　乾隆六年（1741）在臺北的漢人聚落分布狀況

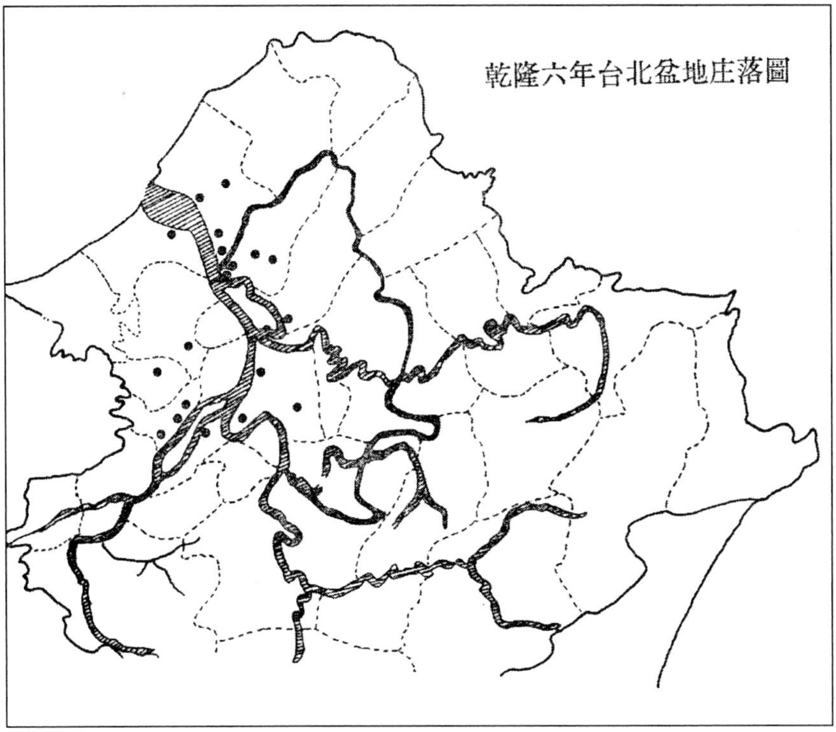

資料來源：《臺北市志》卷一〈沿革志〉，1983。

圖 4-6　乾隆二十九年（1764）臺北地區漢人聚落的分布情形

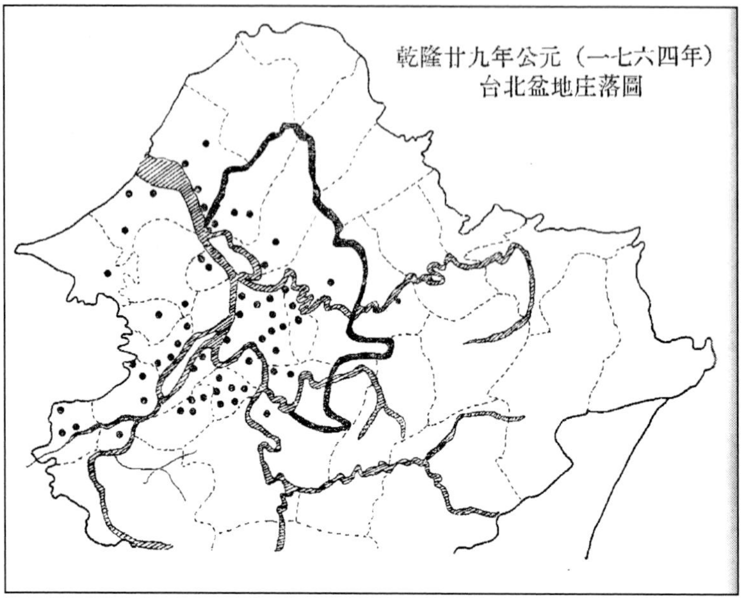

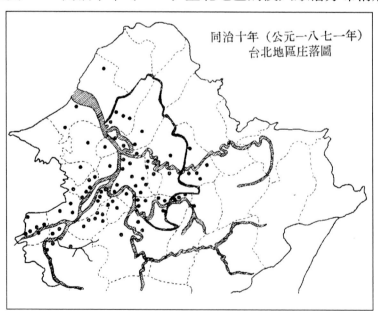

資料來源：《臺北市志》卷一〈沿革志〉，1983。

地圖 4-7　同治十年（1871）臺北地區的漢人聚落分布情形

資料來源：《臺北市志》卷一〈沿革志〉，1983。

　　將前項乾隆年間的開墾記錄與這三張開墾地圖相對照，就可以很清楚的看到，整個淡水河流域的開拓，最先是在河口地區，再次是在南方的新莊、五股、泰山等山麓地帶，艋舺、錫口等港口地區，然後是大漢溪流域，最晚才是新店溪流域。

第三節　莊園街市的形成

　　從人口方面來說，明末的戰亂使得一些地區人口銳減，等到回復承平時代，各地都在招徠流民前往開墾。於是，兩湖江浙各省的人民流向四川雲貴，閩粵兩省的人流向臺灣。清廷領臺之後，在臺灣的漢人大批回流福建，造成人口銳減，大約只剩下六、七萬人。

　　在雙方對峙的時候，清廷在沿海實施海禁。清廷領臺之後的第二年，開放海禁，允許福建沿海人民自由出海從事商貿活動與移民。首任臺灣知府蔣毓英親自勘察荒地，相土定賦，招納流亡，安撫土番，倡導文教。在臺灣的地方官員就留意招徠大陸的流民，前去開發。凡是應徵者，「到臺之日，按丁授地」，並配給明鄭遺留下來的牛隻，三年以後方才起征租稅。於是，流民歸者如市，內地入籍者眾。〔註9〕

　　在另一方面也是由於中國開始面臨人口爆炸的壓力。由於晚明海上絲路暢通，原產在中南美洲的農作物，如蕃藷、玉米、馬鈴薯、辣椒、煙草等，傳入中國。這些作物大都可以在貧瘠地帶種植，以致原本不毛之地都化成了良田，糧食供應增加，人口自然也跟著上揚。康熙四十年（1700），中國的人口大約是一億五千萬。乾隆四十四年（1779）時，已有兩億七千五百萬人。八十年之間，人口增加了將近一倍。這樣龐大的人口壓力，促使多餘的人口向尚未開發的地區移動。臺灣當時草萊未闢，自然就成了閩粵人士移墾的對象。〔註10〕

　　依照清代官方的說法，當時的臺灣對漳泉兩府「無田可耕，無工可傭，無食可覓」的人來說，是冒險家的天堂。大家相傳「到臺地，上之可以致富，下之可以溫飽，一切農工商賈以及百藝之末，計工授值，比內地率皆倍蓰。」〔註11〕這種吸引力很自然的引發移民的風潮。這種說法不符事實。因為外出

〔註9〕　宋光宇，《臺灣史》，北京：人民出版社，2007，頁79。
〔註10〕　同上註。
〔註11〕　同上註。

和移民必需要花很多錢，財力不豐者，很難成行。在臺灣所看到的「流民」、「羅漢腳」大都是經營失敗以後的墮落者。

日本學者伊能嘉矩曾經指出，在臺灣史志中，常把事實和傳說混為一談，以致誤謬多有。〔註 12〕尹章義贊同伊能嘉矩這種說法，呼籲要注意民間流傳的說法和正確史實之間的差別。〔註 13〕

閩南人移墾臺灣最可能的真實情況是運用家族的錢財，來臺灣租佃土地。陳正明在研究臺北市木柵、景美的高、張、林三姓人士入臺墾荒的家族史時，認為「會到臺灣來從事墾荒者，都是在福建老家中，比較衰落的那幾房子弟。他們利用祖宗遺留下來的祭祀田所收來的租穀，除開正常祭祀開銷外，剩下來的租穀就是他們的私房錢。來臺灣所有的開銷——路費、生活費、典贌田地的費用，都是利用這筆錢。」〔註 14〕

鑑於開墾而需的財力過於龐大，往往不是一姓一戶所能負擔。於是呼朋引伴的組成各種合股的墾號，集合眾人之力前來臺灣，從事墾殖工作。陳賴章墾號就是明證。如前所引述，這個墾號由五個人所組成。這些股東們「茲相商，既已通同請墾，應共合夥招耕，議作五股公業，實為友五人起見。」〔註 15〕建立起長久的合作關係，直到永久。

墾戶既立，最先就是展開大規模的水田拓墾工程。先是沿河開田，繼而開鑿水圳，引水灌溉原本無水可用的旱田。最有名的水圳工程就是從乾隆元年起，漳州人郭錫瑠開鑿水圳，引青潭溪（今新店溪）的水，經景美、公館，貫穿整個今天松山、信義、大安三區。在乾隆中期，萬安圳、永安圳、大安圳、大坪林圳、青潭大圳、霧裡薛圳以及雙溪圳等，相繼鑿成，讓整個臺北平原開闢成為水田，因而使得漢人的水田日益廣闊，終至占滿整個臺北盆地的盆底地區。原來住在臺北盆地的原住民各社在賣盡族產之後，遷徙到周邊

〔註 12〕伊能嘉矩，「盡く書を信ずれば書無きに如かず（臺灣の史志を讀むに要おる注意）」，《臺灣慣習記事》，第 2 卷第 4 號，頁 301～307。

〔註 13〕尹章義，〈臺北平原開發史研究〉，《臺灣開發史研究》，臺北市：聯經出版社，2003，頁 34～36。

〔註 14〕陳正明，〈清季福建安溪大坪高、張、林三姓移墾臺北之研究〉，中國文化大學史學所碩士論文，1995。

〔註 15〕本契字由臺北新莊張士箱家族收藏。最早是時任輔仁大學歷史系的尹章義教授，他在做《新莊志》時，拜訪張家，得以見到張家所收藏的一箱清代古契字。這是其中的一張。此契字又收入於《大臺北古契字集》〈大加蚋堡〉，臺北市文獻會，2002，頁 12。《大臺北古契字二集》〈大加蚋堡〉，臺北市文獻會，2003，頁 22。

的山麓地帶。〔註16〕臺北也就成爲全臺灣最重要的產米地區之一。直到 1970 年代工業化和都市化降臨之後，方才再發生根本上的變化。

來臺灣開墾需要有相當的財力做後盾，才可以應付官府、通事的需索，以及龐大的水利工程的興建與維護，絕不是升斗小民可以負擔。因此，他們的動機就不是單純的爲了「就食容易」，而是爲了龐大的經濟利益。米和糖是最主要的兩項商品作物。由於福建田少人多，在臺灣種稻米，運回福建去賣，可獲巨利。蔗糖更是販售全中國。成色最好的白糖賣到蘇州、揚州，次一等的糖賣到天津、牛莊、登州、廈門，再次一等的黑糖才留在本地銷售。乾隆元年（1736）黃叔璥在他的《臺海使槎錄》卷四，引用《赤崁筆談》，描述當時臺灣糖業的興盛情形是「全臺仰望資生，四方奔走圖息，莫此爲甚。糖斤未出，客人先行定買。糖一入手，即便裝載。」〔註17〕

番社與番社之間的甌脫之地很快的就開發完畢，晚到者就直接向番社承租土地來耕作。官府也鼓勵這麼做。雍正二年（1724），清廷批准「福建臺灣各番鹿場閒曠地方可以墾種者，令地方官曉諭，聽各番租與民人耕種。」因此，平地各族原住民紛紛把他們打獵的草場租給漢人。他們成爲「番大租」的主人，每年坐收定額的租稅，形成所謂的「番業漢佃」，也就是閩南常見的「一田多主」制。這種大租權一直維持到 1904 年，方才由日本人明令廢止。

移民的大門一旦打開，閩粵人士在鄉親、族人的援引之下，一波又一波的渡海前來，在臺灣各地形成了「莊園」，有別於原住民的「番社」。漢人移民一方面是爲了謀生糊口，而開關水圳，經營農業；另一方面也是爲了求生存而團結，形成集體居住的村落，以對抗天災人禍。於是形成了泉州、漳州、同安、安溪、客家等同鄉聚落。

漢人移民日增，莊園日關。在康熙年間編纂的《臺灣府志》、《諸羅縣志》、《重修臺灣府志》中，在「坊里」這一項所記載者，大都是「番社」，漢人的莊園是少數。到了乾隆二十九年（1764）余文儀續修《臺灣府志》的時候，在〈規制・坊里〉項下，記「淡水廳舊二保，管三十五莊，今分一百三十二莊。」其中在大臺北地區有六十莊，在現今臺北市境內的街莊計有二十四莊〔註18〕。

〔註16〕伊能嘉矩的記錄，轉引自吳智慶〈基隆河錫口社庄：松山地區的歷史探討〉，錫口文化暨媽祖文化學術研討會論文集，2008，頁 72。

〔註17〕黃叔璥《臺海使槎錄》，清乾隆元年（1736），臺灣銀行經濟研究室，臺灣文獻叢刊第 4 種，1957。

〔註18〕余文儀《續修臺灣府志》卷 2〈規制／坊里〉，清・乾隆 29 年（1764 年），

　　到了同治十年（1871）陳培桂所編纂的《淡水廳志》，在今天大臺北地區的範圍內，計有海山堡 17 莊、興直堡 19 莊、芝蘭堡 32 莊、大加臘堡 16 莊、擺山堡 14 莊、擺接堡 17 莊。共計 6 堡 115 莊。其中大加臘堡 16 莊都在今臺北市境內，大稻埕是以「奎府聚社」的名號出現在歷史的舞臺上。這十六莊的名稱如下：

1. 艋舺下崁莊（萬華）
2. 三板橋莊（南京東路、林森北路、新生北路、民生東路之間）
3. 古亭村莊（古亭區）
4. 大灣莊（大安區）
5. 林口莊（忠孝東路五段、六段）
6. 上陂頭莊（永吉路）
7. 錫口街（松山饒河街）
8. 新南莊（南港路一段）
9. 南港仔街（南港路三段）
10. 搭搭攸莊（松山機場到基隆河）
11. 東勢莊（體育場・中崙到延吉街口）
12. 新莊仔莊（中山北路三段、新生北路）
13. 奎府聚莊（大稻埕）
14. 大隆同莊（大龍峒）
15. 社仔莊（社子）
16. 溪州底莊（景美）等。〔註19〕

　　到了日人據臺之後，「日本陸地測量臨時測量部」隨軍來臺，測量繪製若干張兩萬分之一的《臺灣早先地形圖》。這些地圖很清楚的顯示，在清光緒二十一年（1895）前後，臺北盆地的街、莊、村落呈現零星散布的狀態。如下圖所示：

　　臺灣銀行經濟研究室，臺灣文獻叢刊第 67 種，1963。這 16 莊條列如下：武勝灣莊、周厝崙莊、萬盛莊、古亭莊、艋舺渡街、奇武卒莊、大浪泵莊、中崙莊、下埤頭莊、大加臘莊、上埤頭莊、興福莊、內埔仔莊、新莊仔、嗒嗒攸莊、貓裏錫口莊、里族莊、內湖莊、南港仔莊、和尚洲莊、八芝蘭林莊、北投莊、奇里岸莊、干豆莊。

〔註19〕陳培桂《淡水廳志》，清代臺灣方志彙刊第 28 冊，頁 142，臺北市：文建會，2006。

圖 4-8　《臺灣早先地形圖》局部

資料來源：臺灣早先地形圖局部，臺北盆地部分。南天書局提供

　　根據大約同一時期所遺留下來的詳細街肆資料來看，當時臺北盆地，包含基隆在內，共有 211 條街。全部人口數為 14,117 戶，85,101 人。約占當時臺灣總人口數的 21%。大稻埕是全臺灣最大的街市。境內有 60 條街道，3802 戶，27,607 人。第二位是艋舺，有 44 條街道，2611 戶，17,933 人。城內有 11 條街道，925 戶。錫口的街數只有 1 條，275 戶，1624 人。大龍峒只有 1 條街，33 戶，355 人。北部各街的實際情形排列如下表所示：

堡　名	街庄名	境內街數	戶　數	人口數	百分比	排名
大加蚋堡	大稻埕	60 條	3,802	27,607	7.1033	1
大加蚋堡	艋舺	44 條	2,611	17,903	4.6064	2
基隆堡	基隆	15 條	1,392	7,025	1.8075	3
芝蘭三堡	滬尾	25 條	913	4,982	1.2680	4
興直堡	新莊	18 條	755	4,067	1.0464	5
芝蘭一堡	士林	5 條	592	3,028	0.7791	6
擺接堡	枋橋城	10 條	448	2,770	0.7127	7
海山堡	大嵙崁	6 條	404	2,662	0.6849	8
大加蚋堡	臺北城	11 條	925	2,528	0.6505	9
文山堡	新店	4 條	317	1,716	0.4531	10
大加蚋堡	松山	錫口街	275	1,624	0.4179	11
三貂堡	貢寮庄	2 條	218	1,391	0.3579	12
擺接堡	永豐庄	枋寮街	173	1,063	0.2735	13
文山堡	深坑庄	深坑街	120	839	0.2159	14
文山堡	石碇庄	4 條	167	769	0.1979	15
石碇堡	暖暖	暖暖街	147	669	0.1721	16
芝蘭二堡	和尚洲	店仔口街	121	629	0.1618	17
金包里堡	金山庄	金包里街	125	562	0.1446	18
海山堡	樹林庄	2 條	95	541	0.1392	19
三貂堡	雙溪庄	頂雙溪街	141	521	0.1341	20
文山堡	萬盛庄	2 條	77	483	0.1243	21
海山堡	三峽庄	三角湧街	91	447	0.1150	22
大加蚋堡	大龍峒	大龍峒街	33	355	0.0913	23
芝蘭二堡	關渡	中北街	54	293	0.0754	24
海山堡	鶯歌庄	尖山埔街	47	236	0.0607	25
擺接堡	秀朗庄	店仔街	35	217	0.0558	27
文山堡	坪林庄	坪林尾街	39	183	0.0471	28
小計		221 條	14,117	85,101	21.8964	
臺北總和		1.264 條	66,469	388,653	100.000	
百分比			17.48%	21.20%	21.90%	

資料來源：《臺北建城 120 週年》頁 22，臺北市政府文化局，2004。

　　從以上所述的臺北盆地漢人街莊的發展來看，以乾隆二十五年（1760）
正式開放移民爲基準點。在乾隆二十九年（1764）時，已有 60 個街莊。經過
一百年，到了同治十年（1871），增加爲 115 莊，劃分成 6 堡。再過 25 年，日
人據臺時所做的實地測量，有 28 堡、211 條街。帳面數字上增加很快，可是
從地圖上來看，整個臺北盆地還是處於低度開發的階段。不過大稻埕已是臺
北盆地，乃至整個臺灣島，最繁華的都市，它是盆地中最重要的商業中心，
也是臺灣的經濟中心，它的廟會自然成爲整個盆地和整個臺灣島內的大事。

第五章　大稻埕與霞海城隍廟

　　清代的街莊主要是由漢人移民所構成。先民最初是找有風水可言的寶地，設立可以停舶船隻的港口和店鋪，繼而設立廟宇，市集就圍著廟宇次第展開。廟宇就成爲市集中心，也是商業活動的核心之地，更是各種商業糾紛、人事爭議、社會救濟的核心。

　　大稻埕的出現，從表面上來說，是同安和漳州的移民所構成。可是在原始的移民性質上卻大不相同，它不是爲了墾殖或貿易所形成的，而是在激烈的人群械鬥中，失敗一方因避難而聚集所成的市集。這個新的市集在發展的過程中，揚棄了臺灣各市集的農業通性，而是因時際會，直接涉入國際貿易，一躍而成爲臺灣最大的外貿市鎮，經過二、三十年，就發展成爲全臺灣最有活力、最富庶的市鎮。

第一節　行政上的盲區

　　臺灣在清代時，設置地方行政機構的速度總是跟不上移民擴張的速度，每個行政機構的轄區過於遼闊，很難有效的治理。

　　臺灣最高的文官是「分巡臺廈兵備道」的道員。雍正五年（1727）改爲臺灣道，專門負責治理臺灣事務，但不直接管理民眾。其次是知府，統轄管理一切事務，並指揮下級官廳，舉凡一切吏治之良窳、人民之福祉、發放糧餉、管理鹽政等，都是知府的職責。由於臺灣孤懸海外，福建巡撫平時不容易照顧得到，因而臺灣府知府有兩個輔佐的次官：

1. 臺灣海防同知，康熙二十三年（1684）設置，專司稽查鹿耳門海口，兼督理臺灣、鳳山和諸羅三縣的巡捕業務，駐在府城。乾隆三十一年（1766）改爲南路理番同知，仍兼海防。光緒元年（1875）移駐臺東卑南。

2. 北路理番同知，乾隆三十二年（1767）設置，駐彰化，管淡水、彰化、諸羅各縣的民番交涉事件。

康熙二十三年（1684）設立臺灣、鳳山、諸羅三縣。臺灣縣東到中央山脈，西到臺灣海峽，南以二層行溪與鳳山縣交界，北至蔦松溪與諸羅縣爲鄰，東西達 45 里，南北長 36 里。海外的澎湖也屬於臺灣縣。南端的鳳山縣爲臺灣縣以南一直到鵝鑾鼻，東西長 35 里，南北縱深達 275 里。諸羅縣從臺灣縣的北端直通大雞籠，長達 605 里。三縣之中，只有臺灣縣的幅員尚稱適中。整體來說，臺灣三縣雖然人口稀少，但是幅員過於遙遠，政令殊難普遍推行。這與清代臺灣吏治弊病叢生有很大關係。

在領臺初期，政令所及的地方實際上只在臺灣縣而已。藍鼎元稱：「前此臺灣（指清廷初領臺灣的時候），止府治百里，鳳山、諸羅皆惡毒瘴地，令其邑者（指縣令）不敢至。」〔註1〕當時的北路巡防只敢走到斗六門（今雲林縣斗六市）或半線（今彰化市），流墾之民最遠不過斗六門。半線以北至雞籠，全爲番人之地，無異化外。因此鳳山、諸羅知縣，皆以南北路蠻荒未開，暫附府城治事。

南北兩路幅員遼闊，既然縣官管不著，於是官衙胥吏和地方豪強得以任意妄爲，魚肉平民。康熙三十五年（1696）就有天地會吳求之亂。四十年（1701），有劉卻抗清事件，都發生在北路，於是有「歸治」（縣令回到縣治之所在地，不再暫住在府城）之議。康熙四十三年（1704）諸羅縣署接獲命令，依令把縣署遷到諸羅城（今嘉義市）。從此以後，漢人的開拓就開始超越半線而北上，到達後龍、竹塹（今新竹）、南崁（今桃園南崁）。漢番問題與日俱增。

康熙六十一年（1721）發生「朱一貴事件」，是清廷領臺以來最大規模的動亂。事平之後，清廷大力整頓臺灣的吏治。閩浙總督滿保建議朝廷，把臺、鳳、諸三縣山中居民盡行驅逐，凡近山十里內的民眾俱令遷居它處，田地任其荒蕪。幸而藍鼎元力言不可，朝廷採納了藍鼎元的意見。

〔註1〕 藍鼎元《平臺紀略》，康熙六十年（1721），臺灣文獻叢刊第 14 種，1957。

雍正元年（1723）依巡臺御史吳達禮的建議，增設一縣一廳。從諸羅縣以北、大甲溪以南之地設立彰化縣，大甲溪以北之地設淡水廳。實際上，仍然遼闊而難治理。雍正五年（1727），增設澎湖廳，並沒有解決本島的難題。嘉慶十七年（1812），把淡水廳所轄的後山地區分出，成立噶瑪蘭廳。淡水廳的幅員仍然非常遼闊，而噶瑪蘭廳的交通不便，政令宣達已屬不易，遑論貫徹執行。從嘉慶十七年到同治十三年（1874）的六十多年間，沒有再增設任何新的州縣階層的政府組織，也就更不能符合實際的需要。

依照清代的職官編制，縣為知縣、州為知州、廳為同知或通判。集所有行政、司法、治安、教化等權責於一身，當有地方發生暴亂，也需負責鎮壓和守衛。不論是北京朝廷或福建省城，對於臺灣的實際情形都不十分瞭解，在開發工作方面，更抱持消極的態度，不到不得已的時候，不會有適當的措施出現。

鹿耳門和安平是出入臺灣南部的門戶。早期內地人民渡海來臺大都從這兩個港口上岸。由於政府在鹿耳門設有專人稽查，使得一般偷渡客不方便，隨著中北部地區的開發，偷渡客改走泉州的蚶江口到鹿港這條路線，既少麻煩，到中北部又近，於是鹿港成為中部與大陸往來的捷徑，也是北部商販聚集的地方。乾隆四十九年（1784）清廷依福建將軍永慶所奏，鹿港正式開港，次年設海防同知，鹿港成為中部最大的港口。

從人口的增長和分布情形來看，這樣的行政架構的確不容易應付日益複雜的社會情勢。康熙二十三年（1684），整個臺灣府的人口不過數萬人，以臺灣縣為最多。130 年後，到了嘉慶十六年（1811），人口已經超過 190 萬。可是行政架構只從原來的三縣增加為四縣（鳳山、臺灣、嘉義、彰化）二廳（淡水、噶瑪蘭）。以嘉義縣人口最多，占 42.09%；彰化縣次之，占 17.59%；臺灣縣占 17.57%；淡水廳占 11.05%。已經出現人口中心逐漸北移的現象。到臺灣建省時，北部淡水廳的人口已上升至 25.8%，南部人口則相對的在減少。

清代臺灣吏治不良，久為史家所詬病。明鄭統治以嚴苛著稱，因此社會風氣良好。到了清代領臺之初，尚能留心吏治，多選賢能飽學之士出任職官。可是到了康熙晚期，由於承平日久，吏治漸壞，文恬武嬉，貪污成風。以致有康熙六十年（1721）的朱一貴之亂。以後如乾隆五十一年（1786）林爽文

之亂、道光十二年（1832）的張丙之亂、同治元年（1862）的戴潮春之亂，發生的原因大體相同，都是官吏貪瀆成性，才會激起民變。同治十三年（1874）沈葆楨來臺灣查辦日軍侵略事，曾經論及臺灣吏治的積弊，指出：「班兵之惰窳也，蠹役之盤據也，土匪之橫恣也，民俗之慆淫也，海防陸守之俱虛也，械鬥釁屑之迭見也，學術之不明，庠序以容豪猾，禁令不守，煙賭以為饕飧。」〔註2〕光緒年間臺灣建省之前，丁日昌初到臺灣時，對臺灣的吏治極為不滿。他在《懲辦蠹役片》中說道：「臺灣遠隔重洋，吏治暗無天日，衙役倚恃官勢，嚇詐鄉里，所欲不遂，輒即勒索，被害者往往賣妻鬻子，破產傾家，實堪痛恨。」〔註3〕

　　造成這種現象的原因很多，大致可以歸納成以下幾點：

1. 臺灣孤懸海外，途程有風濤之險，環境又炎熱潮溼，內地來此服官之人，往往不能適應，因而視為畏途。

2. 官員的俸給與公費不足，下面辦事的胥吏完全沒有薪水，無以資生。這些辦理文牘的胥吏，又不能參加科舉考試，地位卑下，可是實權在握，可以乘機收取各種行政手續規費，而人民又願意多給規費，只求迅速辦事，於是上下其手，枉法循私。

3. 正印出身的官員偏低。從雍正至同治，道員知府有60%是正途出身，但下一級的知縣、同知和通判，就不到50%。遠低於福建和全國。也就是說，官員的素質不夠好。所謂正途，是指由科舉考試出身者，不僅知識程度較高，且受儒家治國平天下觀念的薰陶，品學可能有比較高的水準。所謂異途出身者，不外是捐納而得、或由書吏議敘、或因保舉而驟得，都缺乏基本的品學涵養。不過，這種分法不能一概而論，正途出身者並非全屬善類，異途出身者也不是沒有好官。

4. 任期偏短。在乾、嘉、道、咸、同五朝，知府的任期不滿一年者占54%，同知、通判約45%，知縣36%。在這種情況下，連大概的情況都沒有弄清楚，就要離職。官有五日京兆的心理，當然就讓下面的胥吏有舞弊的機會。

〔註2〕沈葆禎會同閩浙總督李鶴年上〈請移駐巡撫摺〉，清同治13年（1874）11月15日，見《福建臺灣奏摺》，臺灣文獻叢刊第29種，1957。

〔註3〕丁日昌：《丁中丞政書》，臺北市：文海書局，1972，第518頁。

第二節　頂下郊拚

　　在這種不良的政治環境下，民變也就層出不窮。從清初到咸豐八年（1858），一共發生 65 次。絕大多數是由「游民」所主導。「遊民」在臺灣稱之為「羅漢腳」。《臺陽見聞錄》對「羅漢腳」的描述為「游手無賴，遨遊街衢，以訛索為事者」〔註4〕。《東槎紀略》云：「臺灣一種無田宅、無妻子、不士、不農、不賈，不負道路，俗指為羅漢腳，嫖賭、摸竊、械鬥、樹旗（像是樹立「大明朱四太子」、「三國公起義」等旗幟，公然反抗清廷），靡所不為。曷言乎羅漢腳也？謂其單身遊食四方，隨處結黨，且衫褲不全，赤腳終生也。大市不下數百人，小市村不下數十人，臺灣之難治在此。」〔註5〕

　　除了遊民之外，不同祖籍之間的人群往往為了爭水權、爭田地、爭碼頭、爭一切可爭之事，而大打出手。這種以地緣關係而發生的大規模打架，日本人稱之為「分類械鬥」。從乾隆三十三年（1768）到咸豐十年（1860），一共發生 47 起。其中閩粵械鬥 17 起，漳泉械鬥 28 起，頂下郊拚 1 起（頂郊與下郊的械鬥，「郊」的性質類似現代的同業公會），不同職業團體 1 起。

　　最大規模的一次分類械鬥是發生在咸豐三年（1853）的「頂下郊拚」。住在臺北艋舺的泉州晉江、南安和惠安人一向把持河岸碼頭的頂郊，與住在今天小南門一帶由同安人把持與廈門貿易的下郊（又作廈郊）發生鬥毆。頂郊人攻擊下郊人的住處，放火燒莊，下郊同安人有 38 人被打死，被迫帶著從家鄉請來的神明霞海城隍遷往大稻埕，建立霞海城隍廟，附祀這次械鬥中陣亡的 38 人。

　　這次亂事擴及全島。結果都是同安人和漳州人失敗。戰敗的人聚集到大稻埕。此處港闊水深，適合發展對外貿易，市面因而逐漸繁榮。及至 1860 年淡水開港，大稻埕一躍而為全臺灣最主要的港口，凌駕在艋舺之上。

　　十八世紀裡，閩粵移民大批進入臺北盆地。這些移民主要是來自福建省泉州府各縣。由於地理上的阻隔緣故，泉州府大致可以分成三部分：晉江下游平原（包括晉江、惠安、南安三縣，號稱「三邑」）、同安平原（同安縣）、與山地（包括安溪縣）。這三部份的泉州人移入臺北盆地後，主要的聚集地就是水陸碼頭艋舺。（分布情形見圖 5-1）

〔註4〕　唐贊袞《臺陽見聞錄》卷下〈風俗・羅漢腳〉，臺灣銀行經濟研究室，臺灣研究叢刊第 30 種，1957。

〔註5〕　姚瑩《東槎紀略》，道光九年（1829），臺灣銀行經濟研究室，臺灣研究叢刊第 7 種，1957。

圖 5-1　一八九八年的艋舺

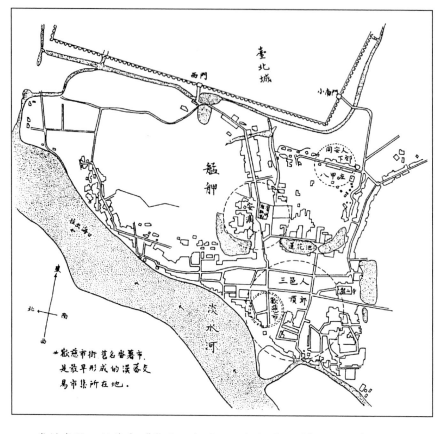

資料來源：描繪自《臺北、大稻埕、艋舺平面圖》，1898 年出版。

　　艋舺的發展可以龍山寺的建立當成起點。清乾隆三年（1738），來自福建省泉州府晉江、南安、惠安三縣的移民，為祈求航海安寧及事業的發展，兼以安慰精神起見，迎奉他們素來所信仰的泉州府晉江縣安海鄉龍山寺的觀音菩薩，分靈來到艋舺，建廟奉祀。廟名也稱龍山寺。所需資金全由來自三縣的移民所捐獻。廟宇在乾隆五年（1740）二月落成〔註6〕。

　　不久，艋舺從事進出口貿易的郊商出資，在龍山寺大殿後方增加建築，一方面奉祀商人的守護神媽祖、五文昌和關帝，一方面作為郊商的辦公場所。龍山寺成為艋舺的商業和宗教中心。

　　到了乾隆二十四年（1759），清廷將原先設於淡水的都司移駐艋舺。嘉慶十三年（1808），又移新莊縣丞到艋舺，並改稱艋舺縣丞。並將都司改升為水

〔註6〕艋舺龍山寺志編纂委員會《艋舺龍山寺全志》，1951，頁10。

師游擊，兼管水陸兵弁。嘉慶二十四年（1819），艋舺始建營署。道光五年（1825），升水師游擊爲參將。於是艋舺成爲臺灣北部的政治和軍事中心。原先的商業也更形擴張。到這階段，漢人移民愈來愈多，原住民已完全退居山區。道光二年（1820）噶瑪蘭通判姚瑩上任途中，路過艋舺，記道「艋舺居民鋪戶約四、五千家，外即八里坌口，商船聚集，闤闠最盛。」〔註7〕

　　從 1820 年到 1860 年是艋舺的黃金時代，商務鼎盛。從事輸出入販賣業的商人組成「行郊」，訂立規章，劃一買賣。這種形式的組織，依地域性來分，分成「頂郊」與「下郊」。所謂「頂郊」是指由晉江、惠安、南安三縣移民所組成。他們是最早來到艋舺的移民，居住在淡水河沿岸。最大的氏族有黃、林、吳三姓。他們以龍山寺爲中心，把持當地的商業和運輸業。當時艋舺的三段碼頭也分別由三姓人把持：大溪口（後來的第一水門）爲黃姓把持；王公宮口（第二水門）爲林姓所操縱；滬尾渡頭（第三水門）爲吳姓控制。龍山寺的祭典委員也大都由三姓人士所包辦〔註8〕。

　　所謂「下郊」，是由同安人所組成。由於同安人來得晚，他們只得聚集在艋舺東側的八甲庄（見圖 5-1）。同安雖隸屬泉州，但在地理上，卻與漳州接近，與泉州郡邑所在的晉江反而疏遠。以致同安人與漳州人容易合作，常與晉江、南安、惠安三邑人士相競爭。

　　唐贊袞在《臺陽見聞錄》中對「郊」有所說明〔註9〕：

　　　　聚貨而分售各店曰「郊」。往福州、浙江者，曰「北郊」，泉州者曰
　　　　「泉郊」，廈門者曰「廈郊」，統稱「三郊」。郊者，言在郊野，兼取
　　　　交往意。

　　艋舺的商人依經營路線，分別組成「北郊」、「泉郊」、和「廈郊」。北郊的貿易對象爲寧波、鎮江、臺州、溫州、上海、天津等地。又有「大北」與「小北」之分。到上海、天津等地貿易者爲「大北」。到寧波、溫州、福州等地貿易者爲「小北」。經營方式是以進口爲主。因爲臺北是新開發地區，日常生活所需的各種物資都仰賴進口。所進口的物資可分幾類：海產類有鹽白魚、海蜇皮等；山產類有筍干、皮蛋、鹹蛋、松脂、明礬、桐油、石膏、藥材等；

〔註7〕　姚瑩《東槎紀略》卷三〈臺北道里記〉，道光九年（1829），臺灣銀行經濟研
　　　　究室，臺灣研究叢刊第 7 種，1957。
〔註8〕　陳正祥《臺北市誌》，1957，頁 7。
〔註9〕　唐贊袞《臺陽見聞錄》卷下〈風俗・郊〉，臺灣銀行經濟研究室，臺灣研究叢
　　　　刊第 30 種，頁 146，1957。

雜貨有刺繡品、繡線、五加皮酒、油紙傘、及其他〔註10〕。

「泉郊」的貿易對象為泉州。經營方式是以出口為主。因為泉州地狹人稠，像米、糖、鹽、土布等物品，仰賴外地輸入的程度甚高。來自泉州的移民對故鄉經濟狀況相當熟稔，於是出口米、糖等民生必需品回家鄉，回船時則帶來拜拜用的金銀紙、造房子用的杉木和磚石、陶瓷器等〔註11〕。

艋舺的行郊以泉郊為先，後有北郊。最晚成立者是廈郊，合稱「臺北三郊」。在艋舺最風光繁華的時段裡，北郊是最大的商業團體。從事泉郊貿易者不過寥寥數家〔註12〕。這種現象顯示臺北地區漢人聚落快速擴張，對於日常生活必需品的需求也隨之增大。艋舺商業的性質也從以前出口到泉州，轉變成從中國大陸沿海各地進口貨物，供應本地市場。

在繁華表象的背後，卻蘊藏著衝突的危機。泉州三邑人與同安人之間的競爭，隨著商業的擴張而升高。三邑人久占淡水河沿岸碼頭。同安人晚來，也從事臺北與家鄉廈門之間的貿易，就要跟三邑人搶碼頭地盤，衝突在所難免。清咸豐三年（1853），雙方碼頭挑夫發生嚴重衝突。頂郊三邑人聯合來自山區的安溪人，攻擊同安人聚居的八甲庄。結果，同安人大敗，八甲庄被焚毀。同安人及協助同安人的漳州人向北遷徙，另建大稻埕。是為「頂下郊拼」〔註13〕。

「頂下郊拼」使得艋舺元氣大喪，不僅同安人的八甲庄被毀，三邑人社區也受到嚴重的破壞。同時，艋舺段的淡水河道此時也逐漸淤淺，不適宜大型船隻航行與停泊。在1860年以後，艋舺的商業逐漸為大稻埕所奪，當地的市況遂告衰落。

第三節　大稻埕的興起

大稻埕位於艋舺之北，約兩公里之處。1850年以前，完全不見於任何記載。例如1820年噶瑪蘭廳通判姚瑩所作〈臺北道里記〉，對艋舺的盛況有相當多的描述，但對大稻埕卻是隻字未提，由此推知當時的大稻埕還不是值得

〔註10〕吳逸生〈艋舺古行號概述〉，《臺北文物》9（1），1960，頁2。

〔註11〕吳逸生，同上註。

〔註12〕卓克華〈清代臺灣行郊之研究〉，1982，頁93。

〔註13〕臺北廳〈大稻埕區內社寺廟宇に關する調查・霞海城隍廟〉，《社寺廟宇に關する調查・封臨》，1915。王世慶〈海山史話〉，《臺北文獻》，1976，頁57～90。

記載的通都大邑。據日人安倍明義的記載，今日的大稻埕原是圭母卒社平埔番部落所在地。乾隆初年該地被稱爲「奇武卒莊」，後來才改佳名爲「圭府聚」。至於「大稻埕」這個名稱的由來，安倍記道，在康熙末年此地有漢民開墾的水田，其中有大埕（「埕」與「庭」大致同義）。每年稻熟之時，漢人在埕上晒穀子，所以俗稱此地爲「大稻埕」（大晒穀場的意思）。〔註14〕

清咸豐元年（1850），有林藍田者從基隆移居大稻埕，在後來的中街（今迪化街一段），建屋三間，立商號「林益順」，從事與華北、廈門、香港等地間的貿易〔註15〕，是爲大稻埕街市的濫觴。咸豐三年的「頂下郊拼」，下郊同安人失敗，奉護他們的守護神霞海城隍逃抵大稻埕，建立新街市。最初成立者爲「中街」，有林裕倡的「復振號」、張讚的「怡和號」（後來改爲「添籌行」），林右藻的「復源號」和「復興號」，陳浩然的「金同利」等〔註16〕。

這次「頂下郊拼」是十九世紀中葉，臺灣北部普遍流行的漳泉分類械鬥的一部分。從咸豐三年到九年，臺灣北部發生多起漳泉、或三邑與同安之間的大規模械鬥。都是同安人和漳州人敗陣，退往新開發的大稻埕安身。於是，使得大稻埕的街市日益壯大，而有「南街」、「中南街」等新街市的設立〔註17〕。

清咸豐十年（1860），英法聯軍攻入北京，火燒了圓明園，迫使清廷簽訂天津條約。在與法國簽訂的條約中，指明淡水港開放給外國人經商居住。當時清廷所說的淡水港，只是指淡水口的滬尾附近地區。但是，自古以來，「淡水」一詞除了指河流（淡水河）外，同時也是對北部臺灣的通稱。因爲自雍正以來，臺灣北部統稱爲淡水廳。德國領事利用這種雙重定義矛盾之處，主張條約上所定的淡水港，乃是指廣義的淡水地方，非單指淡水河口之滬尾附近，凡淡水河流域沿岸適用於通商之地，都爲當然的開港場所〔註18〕。這種解釋爲列強各國所援用。結果是英法等國商人和傳教士進駐艋舺。後來由於艋舺附近淡水河的河床日淺，不適合巨輪出入，加上艋舺居民的排外〔註19〕，

〔註14〕安倍明義《臺灣地名研究》，1938；三版，臺北市：武陵出版社，2001，頁98。
〔註15〕臺北市文獻會《臺北市志稿》，1965，頁46。
〔註16〕臺北市文獻會《臺北市志稿》，1965，頁46。
〔註17〕臺北市文獻會《臺北市志稿》，1965，頁46。
〔註18〕臺灣慣習研究會原著，臺灣省獻會譯編，〈條約上之淡水港〉，《臺灣慣習記事》（上），1984，頁129。
〔註19〕呂實強〈偕叡理教士在艋舺初創教堂的經過〉，《臺灣文獻》19（1），（1968）：頁 62～69。〈同治年間英商實順行租屋案〉，《臺灣文獻》19（3），1968，頁25～29。

洋人遷往大稻埕，設立洋行，從事國際貿易。如此一來，帶動大稻埕原有的
郊商經營，也步入國際貿易。

　　光緒十一年（1885），臺灣建省。巡撫劉銘傳到任臺北，看中大稻埕必將爲
臺北的商業中心，於是在大稻埕濱江之地，設計新街市「千秋里」，讓洋商設館，
並依慣例把大稻埕當成是淡水港的一部份〔註20〕。日人據臺以後，也遵循此例。
明治三十年（1897）四月總督府告示第二十二號明白的指出：「大稻埕視爲淡水
港之一部份，以自艋舺街之北端江瀨街爲起點，出河溝頭街，通過六館街旁之
溝渠，出直線達圓山新路，由約其三分之二程，出大龍洞庄之南端，入淡水河
一線，作爲區域。」〔註21〕至此，大稻埕的範圍方才有了明確的界定。

圖5-2　日據初期的大稻埕

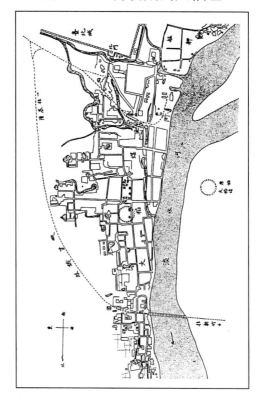

資料來源：《臺北、大稻埕、艋舺平面圖》，1898。

〔註20〕臺灣慣習研究會原著，臺灣省文獻會譯編，〈條約上之淡水港〉，《臺灣慣習記
　　　　事》（上），1984，頁129。
〔註21〕臺灣慣習研究會原著，臺灣省文獻會譯編，〈條約上之淡水港〉，《臺灣慣習記
　　　　事》（上），1984，頁129。

第四節 霞海城隍及其廟宇

　　咸豐六年（1856），街民共同捐款，在南街興建「霞海城隍廟」。越三年，廟乃落成。根據大正四年（1915），臺北廳所作的調查，我們知道霞海城隍的來歷如下：

> 在支那福建省同安縣，叫「海內」的地方，有城隍廟。相傳建于明太祖時代，正德帝時封為「霞海城隍廟」。（「霞海」是「海內」的別稱）清道光年間，同安縣人陳金絨者，竊其神像而渡臺，在艋舺八甲街，建廟奉祀。咸豐三年，晉江、惠安、南安三縣人與同安人分籍械鬥之際，廟宇遭到破壞。於是，同安縣人擁護其神像，遷來大稻埕。

> 陳金絨及陳建成等人，向諸信眾募捐緣金約一千圓。從咸豐八年三月十八日，於現址著手興建廟宇。同九年三月一日竣工〔註22〕。

　　民國二十三年（1934），臺北霞海城隍派下海內會編有本廟《沿革志》，對霞海城隍的來歷有所說明：

> 我霞海城隍爺，明朝武宗正德（年）間，賜以「臨海門」匾額。「霞海」係「臨海門」分廟。初因臨海門人有志，於明末清初，建廟於福建省泉州府同安縣下店鄉海邊厝，為五鄉庄民之鎮守神，故改口「霞海城隍」。道光年間，海內陳金絨氏奉載來臺。初安於艋舺八甲庄，假店鋪為祠廟。至咸豐三年，漳泉民鬥，神座累災被焚。先時，海內林蔘氏等，急將金身護衛，遷徙於大稻埕之社厝街陳金絨氏嗣陳浩然氏之金同利鋪中。是時，保護神像，不顧捐軀，除林蔘數氏外，奮鬥脫圍；餘竟遭禍陣亡者三十有八人。海內派下感念為公受厄，共議配祀本廟西廡，曰「義勇公」。自是而後，香火日盛。至咸豐六年，陳浩然氏深感鋪中狹隘，有瀆神威，乃招集海內派下，議建廟宇，並舉董事八名，公請尊神擇地。其時地主乃地方官蘇協臺，慨然捐獻廟地。海內派下遂踴躍向前。貧者供役勞工，富者寄附淨財。於同年三月十八日興工。至同九年三月一日落成。因資力有限，不能建宏壯之廟貌，亦為時地所局耳〔註23〕。

　　比較這兩條資料，除了繁簡有別之外，對於建廟的時間各有說法，相差

〔註22〕臺北廳〈大稻埕區內社寺廟宇に關する調查・霞海城隍廟〉，1915。
〔註23〕見《臺北市志稿》，1956，頁 46～47。

兩年。臺北廳的記錄是由當時大稻埕公學校的校長奉命從事所轄學區內各廟宇調查時所作。至於《沿革志》是該廟的董事陳乃渠所撰。後來出版的相關文獻，如《臺北市志》等，都採咸豐六年之說。本文從眾，亦以咸豐六年為開始建廟的年代。

根據這兩條資料，我們知道，「霞海城隍」不是明清時代官訂的縣城隍或府城隍，它只地方性「臨海門」城隍廟的分廟。跟艋舺龍山寺一樣，都是從泉州家鄉分靈而來；也都成為整個移民社區的核心。霞海城隍廟的面積很小，只有 50.3 坪。無法跟艋舺龍山寺或其他大寺古廟相提並論。但是，它的香火之盛，信徒之眾，冠於全市各廟〔註 24〕。及至日據時期，每年神誕之期「臺閣雜劇之盛，推為全臺第一。」〔註 25〕

由於霞海城隍廟是個從私人神壇逐步發展而來的廟宇，時至今日，它依然還是當初迎奉者陳家的「私產」。廟祝一直由陳家子孫擔任，處理一般日常香火廟務。至於祭典部份，在清代和日據時代，是由「海內會」所主持。海內會的成員大多也是「廈郊」的成員。因此，可以這麼說，霞海城隍廟每年的祭典是由郊商所主持。既然是由商人來主持，廟會後來的發展必然會因應商業的需求。

現在每年的祭典則由地方耆老、附近各里里長、各商業同業公會理事長等人共同組成的「祭典委員會」來負責。

迎神繞境的範圍東到淡水線鐵道邊，南到鄭州路後火車站、西到淡水河邊、北到高速公路重慶北路交流道。頭家爐主的候選資格也以這個範圍為限。只要有沾上一點邊緣關係即可，並不一定要真正住在這個範圍裡面，或者留下部分或全部的戶籍，或者虛設一間辦公室，都可以取得候選的資格。

霞海城隍廟位於臺北市迪化街一段 61 號，是內政部核定的三級古蹟。民國六十年（1971）起，在廟前的空地上搭蓋鐵棚違章建築物之後，陸續為攤販所占用。廟埕左右兩側都是飲食店的廚房，只留下一條狹小的走道，供一年一度祭典時的「衝廟門」之用。因此，報上用「暗無天日」來形容原先霞海城隍廟的陰暗髒亂的環境。民國七十九年（1990）臺北市政府開始撥款整修市內幾處古蹟，霞海城隍廟在整修之列。經過市政府的大力整建之後，拆除了廟前的各種攤販，有了一個較為寬廣的廟埕。民國八十六年（1997）元

〔註 24〕 《臺北市志稿》，1956，頁 47。
〔註 25〕 《臺灣日日新報》，明治三十七年（1904）6 月 26 日。

月二日，霞海城隍神像正式回到經過整修的正殿。同年，在城隍爺誕辰時，
正式啟用。〔註26〕現在的廟貌如下圖1，2。

照片1　　　　　　　　　　　　　　照片2

(作者自攝)　　　　　　　　　(資料來源：霞海城隍廟網頁)

一、正　殿

　　明太祖規定京師、府、州、縣四級行政單位都要有城隍廟，各地最高行
政官員在初一、十五都要到城隍廟祭祀城隍和日月、山川、社稷、風雨雷神、
先聖先賢、鄉賢和厲鬼。各級城隍神都有不同爵位和服飾。洪武二年（1369），
封京師的金陵城隍為「福明靈王」。他的家鄉和「龍興之地」汴、濠、鳩、和、
滁等州的城隍也封為正一品王爵。其餘各級城隍也都賜有爵位：府城隍為「二
品威靈公」、州城隍為「三品靈祐侯」；縣城隍為「四品顯祐伯」。次年又廢封
號，改稱城隍神。明太祖曾下令各級官員在到任的時候，先到城隍廟晉謁城
隍，而後才能正式上任。因此，城隍廟神像的擺設，就像一個明清時代的官
府衙門。

〔註26〕　于國華，〈霞海城隍廟　整修近尾聲　三位畫師　彩繪添新粧〉，《民生報》
　　　　　第19版「藝文新聞」，民國八十五年（1996）十二月二十一日。

照片 3　正　殿

資料來源：作者拍攝

照片 4　霞海城隍神像

資料來源：霞海城隍廟網站

　　霞海城隍廟也不例外。霞海城隍的神像放在正殿的正中央，旁邊有文武判官，
以及八司官（陰陽司、速報司、糾察司、獎善司、罰惡司、增祿司、註壽司、

當中藥行該漸盛行之後，在正殿中，多了一位神像，那就是相傳「嗜百草，以教民治病」的「神農氏」。在霞海城隍廟，稱之為「神農大帝」。

資料來源：霞海城隍廟網站

加上近十年來當紅的月下老人：

資料來源：霞海城隍廟網站

二、從祀偏殿

在從祀偏殿供奉城隍夫人、天上聖母、註生娘娘、天蓬元帥和五營將軍。從宋代以降，城隍都有夫人相伴，雖然明太祖曾經下令取銷，可是民間依舊奉祀城隍夫人。

在霞海城隍廟的偏殿中，不僅供奉了城隍夫人，也供奉天上聖母、註生娘娘這兩位女神。在醫學不發達的時代，婦女生產是一件非常危險的事。因

此，註生娘娘的任務就是協助婦女生產順利。在註生娘娘的麾下，有十二婆姐，協助和守護婦女的生育。在民國七十年之前，「助產士」是很重要的行業。註生娘娘和十二婆姐是助產士的行業守護神。有名的助產士常會被人們尊稱為「十三婆姐」。旁邊加上媽祖，也就是天上聖母。加上祂的加持和護佑，力量就更大了。

資料來源：作者自攝

　　為了因應附近的酒家、妓院的生意，而有天蓬元帥。天蓬元帥就是小說《西遊記》裡的豬八戒。此君貪財、好色。臺灣的酒家、妓院等特種行業都供奉天蓬元帥，為行業神，以廣招客源。

資料來源：霞海城隍廟網站

　　民間相傳地方上平時都會有一批神兵神將協助各地方的主祀神（尤其是王爺神），擔任村莊或聚落的巡邏守衛隊，來鎮守邪祟，並為地方百姓帶來居

家平安。這些守衛隊的神兵神將即稱爲「五營將軍」。五營將軍又有分「內五營」和「外五營」。安鎮在廟內的即爲內五營，而安鎮在廟宇周境的則爲外五營。霞海城隍廟所崇奉的五營將軍爲小五營，屬張、蕭、李、劉、連等五位將軍，並且分別雕以威猛勇武的金身神像，不同於一般廟宇以五營旗和五營頭爲代表的方式。

　　霞海城隍廟的五營將軍平日皆鎮守在霞海城隍廟，只有每年城隍誕辰期間，五月初六舉行「放軍」之儀，將象徵五營將軍及兵將的小型營頭紙厝及香爐安鎮在五方位的五間福德祠，直到五月十八行「收軍」之儀，再統一收回霞海城隍廟，鎮守地方轄境的平安順遂。這五營兵馬的地點如下：

　　由於霞海城隍廟的五營，安鎮在外地的時間僅有十三天，所以用草編或紙糊的辦法製做五間「五營厝」作爲營頭的代表。營頭的對聯是「善報惡報遲報速報終須有報，天知地知子知我知何謂無知」。而營頭經法師開光點眼後，再由八將或官將首分別護衛送至祭祀圈內的五座福德祠的廟中安奉。依放軍的先後順序、五營的方位、代表的顏色、統率將軍的姓氏、兵員數量、駐紮營廟宇的名稱和場所，介紹如下：

名　稱	顏色	統率將軍	兵　馬　數　量	地　點	地　　　址
中營	黃色	李將軍	三秦軍三萬三千名	普願宮	歸綏街 164-9 號
北營	黑色	連將軍	五狄軍五萬五千名	和安宮	迪化街 2 段 358 號
東營	青色	張將軍	九夷軍九萬九千名	雙福宮	雙連街 37 號
南營	紅色	蕭將軍	八蠻軍八萬八千名	福聚宮	延平北路 1 段 68 號
西營	白色	劉將軍	六戎軍六萬六千名	和德祠	甘谷街 42 號

收五營的儀式（資料來源：作者自攝）

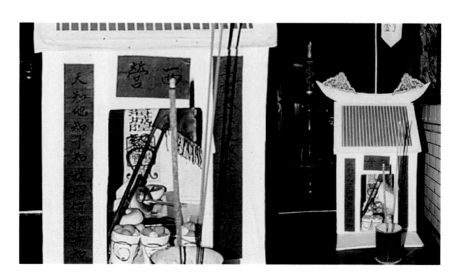

霞海城隍廟的外五營都是安置在大稻埕的土地公廟。照片中為西營。（資料來源：霞海城隍廟網站）

三、偏殿佛祖龕

偏殿的佛像（資料來源：作者自攝）

　　偏殿佛祖龕主祀千手千眼觀世音菩薩，這是民間最常奉祀的神明。同祀的神明還有四尊佛教的神明：地藏王菩薩、彌勒佛、目連尊者、達摩祖師；再加上關帝爺和土地公。在佛祖龕的前方奉有文、武判官大型神像。

四、配　殿

祭祀頂下郊拼的三十八位義勇公，以及廖添丁的神龕。（資
料來源：作者自攝）

1、三十八義勇公

在配殿中，供奉清咸豐三年（1853）在頂下郊拼時犧牲的三十八位義士，
稱為「義勇公」。只有姓名，沒有塑像。在霞海城隍廟公布的資料中記載，特
別強調「義勇公」與警察界的關係：

> 霞海城隍廟的義勇公以前多為許多服務於警界的朋友所崇奉，為祈
> 求順利破案，如前警政署署長莊亨岱也曾來祈求過，果然順利如願，
> 所以每當義勇公神誕時，也可見到莊先生前來祭拜。而霞海城隍廟
> 行冬令救濟的捐米活動，也往往有許多警界與消防隊員等的朋友大
> 力贊助，由此可見義勇公的神威。

義勇公的墓塚則被安設於五股的公墓內，會由海內會派下弟子代表祭祀。

2、虎　爺

另外有虎爺和馬使爺。相傳虎爺為土地公的坐騎。一般的王爺廟都會在供桌下方，供奉造型可愛的虎爺，具有驅逐疾癘和鎮守廟宇的功能。少數則以虎首人身的造型陪侍於福德正神旁。而擅於醫術的保生大帝（大道公）在民間傳說中，曾經醫治過老虎因被所食女人的骨頭刺傷喉嚨，經過保生大帝的醫治而痊癒，成為保生大帝的廟宇護衛神之一，稱為「黑虎將軍」。後來許多王爺廟也都配屬有虎爺，並稱為「下壇將軍」。

資料來源：霞海城隍廟網站

霞海城隍廟的虎爺造型與一般虎爺不同，比較特別的是背上設有一虎頭鍘刀，意即古代官衙內所設的虎頭鍘，可斬犯了過錯的官員和平民百姓，因此一般信眾皆不敢胡作非為，故虎頭鍘造型的虎爺有嚇阻犯罪之功能。民間又相傳，虎爺有治療孩童腮腺炎（俗稱「豬頭皮」）的功效。

3、馬使爺

據說，馬使爺的任務是幫人尋回失物，以及尋找走失的人，因而也得到許多民眾的崇奉。

在該廟的網頁上記載一件尋回失物的故事：「有一回從事金飾店的老闆，遺失三十四斤的金子，來到霞海城隍廟向馬使爺哭訴，結果不到一個星期便找回失物，原來是三名員工所偷盜，而在附近的小吃店爭論如何分贓甚至鬧翻了，被麵店老板娘聽到，而去報警，所以被抓到。才三天，巷口麵店老板娘便遇到金飾店老闆而問起店內是否有遺失一批金子，就這樣迅速找回這批失物，令失主非常高興而前來霞海城隍廟答謝，因此馬使爺靈驗無比的神蹟就這樣傳開了。」

4、施琅將軍

施琅像（資料來源：霞海城隍廟網站）

施琅原爲鄭成功的部將，後來歸降清廷。康熙二十二年（1683）施琅將軍率軍隊打敗鄭成功之孫鄭克塽的部隊，正式將台灣納入清廷版圖。

據說施琅將軍當初在攻打明鄭之前，曾經在福建省泉州府同安縣下店鄉海厝邊的霞城訓練兵馬。霞城建於清康熙元年（1662）八月，迄今霞海城隍廟的祖廟尚留有「臨海門」石匾額一座，上有「欽命總督福建部院少保兼太子太保兵部尚書李」及「鎮守福建同安等處地方總兵官都人施琅等人督工監造」之文字，傳說原本霞城有五門，而臨海門則位於祖廟之前。

霞海城隍廟供奉施琅將軍的磁製金身，源於民國八十五年（1996）爲協助一些學者專家到福建德化考察研究，而德化的隔壁晉江即爲施琅將軍的故鄉，當時祖祠建好，呼籲大家前去祭拜，並由陶瓷博物館前館長陳建中（現爲德化縣文體旅遊局副局長）及其夫人親手塑製施琅將軍的神像多尊，希望供人請回去奉祀，霞海城隍廟管理人陳文文女士也前往祭拜，鑑於施琅將軍與霞城臨海門的關係非淺，因而迎請一尊神像返回霞海城隍廟奉祀。

5、義賊廖添丁

廖添丁的故事在日據中期就被逐漸演繹、渲染，從一名鑿壁穿牆的盜賊，變成家喻戶曉的義賊。再加上後來廣播電臺的「講古」和電視劇「廖添丁傳」的加油添醋，就開始有人崇奉，具有正式的神格。

在日本警方的記錄中，廖添丁是臺中縣清水鎮人，生於清光緒九年（1883）四月十五日，卒於宣統元年（1909）十一月十八日，年僅二十有六。清水鎮之秀水里，早年稱臭水，即廖添丁出生之地。

廖添丁出生未久，父母雙亡，由姑母撫養長大，牧放牛羊。至十多歲，流浪北部，以偷竊爲生。相傳他曾習傳統武藝，擁有一身草上飛的傑出輕功，而時時躲過日本警察的循線追蹤，足跡遍布南北。後來因日本警察追緝很嚴，而被熟人出賣行蹤才被捕殉難，死後葬於臺北八里，其後立廟崇拜（即漢民祠，又稱廖添丁廟），臺灣百姓追念其濟貧的義勇精神，亦有祭祀崇奉的。有關他的傳說，最膾炙人口的事蹟是廖添丁曾經在顯赫一時的辜顯榮家放字條，表示要劫富濟貧的企圖，因而他被渲染成「義賊」。霞海城隍廟即是尊崇其劫富濟貧的俠義精神，因而塑其金身，接受信眾的祭祀與祈求。

廖添丁像

資料來源：霞海城隍廟網站

　　從神明的名號，我們可以看到，霞海城隍廟跟一般民眾的日常生活和地方商業活動有相當密切的關係。由於生育是人生大事，就有天上聖母、註生娘娘、十二婆姐的供奉。由於貧富差距，而有義賊廖添丁。由於常有走失、失竊等情事發生，就而要有可以協助尋回失物、找到失人的虎爺和馬使爺。

　　大稻埕曾經是全臺灣最主要的布料批發中心，布商就供奉傳說中的嫘祖。現在是最主要的中藥材批發中心，於是中藥商就供奉神農氏。大稻埕也曾經是酒家與色情行業的大本營，於是就供奉豬八戒。只是少了與茶商有關的神。茶商公會一直以法主公廟為本廟，因此，霞海城隍廟沒有任何有關茶的神明。也許可以供上茶聖陸羽。這種神明與行業相呼應的現象，也反映一個事實，那就是霞海城隍祭典是由廈郊主辦。廈郊的成員都是跟廈門有商貿往來的商行，各行各業都有，不會侷限於布商或是茶商。由於大稻埕是商業型態的都市，而在晚清和日據時代，外銷的貨物中，茶葉是最主要的項目，占出口數量一半以上。因此，我們就從茶葉的外銷這件事著手，來看霞海城隍祭典是如何發展的。

六、年中祭祀活動

1、海內會的祝壽祭典

　　每年城隍聖誕前，於農曆五月初六傍晚，由海內會派下舉行祝壽祭典。主要由海內會十位委員、代表等共同為霞海城隍祝壽。敬備牲禮、酒、財帛等供品，並行三獻禮（初獻、亞獻、三獻）。祈求玉皇上帝以及霞海城隍廟

崇奉的諸神、城隍老爺、城隍夫人、觀世音菩薩、媽祖、義勇公等，庇佑爐
下眾家弟子、信女等，能夠身體健康、子孫乖巧、事業興旺、大小平安。祭
典前海內會事先通知一百零三位會員，並且在該日發放紀念品。

資料來源：霞海城隍廟網站

2、放軍、暗訪

接著就是五月初六的「放軍」，安五營兵馬於祭祀圈內的五處土地公廟。
五月初十起，每夜舉行「暗訪」。「暗訪」是神明在夜間出巡，以探究人間的
善惡是非。早期的「暗訪」，大都「由香客扮飾劍童、印童、文判、武判、牛、
馬、山、金、謝、范六將軍開道。停鑼息，默默前進。」金、山將軍應即霞
海城隍廟的枷、鎖將軍。霞海城隍廟除了上述六將外，另有日遊巡將軍和夜
遊巡將軍一起出巡開道，合為八將。

無論是文判、武判、還是牛頭、馬面、家將、判官、個個都是面目猙獰，
或者口吐長舌，或者滿臉漆黑，或者戴著牛頭、馬面，或者手拿鐵索、利斧…
模樣相當嚇人。他們出巡的用意正在：「為人果有良心，初一、十五何用你燒
香點燭；作事若昧天理，半夜更須防我鐵鍊鋼叉」。

資料來源：霞海城隍廟網站

3、城隍巡境

城隍接著是五月十三日正式的城隍出巡繞境，同時舉行法會，誦唸《梁皇寶懺》。這就是本書記述的主體，在此不多著墨。

暗訪是由八家將開道，具有除煞避邪的法力。（作者自攝）

4、收　軍

五月十八日，把先前放鎮出去的五營兵馬收回廟裡，是為「收軍」。

紙紮的五營神龕，收回之後，暫時安置在廟前神桌。（作者自攝）

5、祭 解

在一百多年前，便有六位道士駐廟服務，專門為信眾從事祭解、補運與酬神、建醮等吉事。這群道士是屬北部著名的正一道教劉厝派紅頭道壇。平時也有各自立壇，為信眾從事宗教性服務。

道士在廟中的祭祀工作，包括為信眾祭解、補運、安太歲、改運、求元神等。據廟內的耆老表示，過去六位道長是一起來廟中服務，後來因為廟小人稠及公平起見，爾後就分配每人輪值一天，直至今日。目前於本廟服務的道士共有五位，是劉啓丕、賴東宏、劉秋隆、陳漢墩及劉飄源等五位道長。每日服務時間為上午九時至下午四時，其餘時間若需祭改服務請向當值的道長預約。

道士為信徒作祭解（資料來源：霞海城隍廟網站）

6、點 燈

每年在新春時，信眾可以到廟裡參加點燈活動。為祈求元辰光彩，可點上「元辰燈」；祈求平安順遂，可點上「平安燈」；祈求前途光明，可點上「光明燈」；祈求財運亨通，可點上「財利燈」；倘若祈求姻緣早日圓滿亦可點上一盞「平安燈」。

資料來源：霞海城隍廟網站

7、中元盂蘭盆會

農曆七月中元，舉行盂蘭盆法會，延請佛教法師主持。

盂蘭盆法會的神壇

普渡的法船

法師放焰口

資料來源：霞海城隍廟網站

第五節　迎神賽會與藝閣

霞海城隍廟最負盛名的活動，是每年農曆五月十三日熱鬧非凡的迎神賽會，在這個活動中，有幾十檯由妓女裝扮成古代故事裡的角色，坐在長桿的藝閣上，由轎夫抬著，遊行街市，吸引無數觀眾，極為熱鬧。稱之為「抬閣」。由於是用長桿，一個藝閣最少要有八名轎夫來抬，看上去有許多腳，因此也稱作「蜈蚣閣」。清代臺灣任何一次迎神賽會，都少不了這種藝閣。數量總在幾十檯，是很壯觀的遊行活動。

清代臺灣的廟會都盛行抬閣遊行。這種裝扮故事以遊行的意義，跟在廟前戲臺演「神明看的戲」，是有同樣的功能和意義。只不過一個是以流動的方式呈現，一個是以固定地點的方式來呈現。不過，「抬閣」可應用的範圍比在廟前演神明戲來得寬廣許多。有人把這種抬閣活動應用到純粹人世上的活動，像是婚喪禮慶等活動。

臺灣各地早期的廟宇都是由一群來自同一地區的移民所共同捐資興建的。因此，每當廟宇舉行祭祀的時候，整個移民社群都要動員起來，全體參與全程的活動。推舉一位或多位主事者，稱之為「頭家爐主」。這些人出錢出力，極盡所能的裝飾廟宇，極盡奢華之能事。當廟宇稍有圮毀，就立刻集資修建。通常在二月初二、清明、中元、中秋，以及神明誕辰，一定要舉行盛大的迎神賽會，同時也伴有規模宏大的宴客活動。各家支付這種開銷，動輒要花費十多兩黃金。這是一筆數目龐大的金額。

臺灣的漢人移民主要是來自福建地區，而福建居民向來喜好各種迎神賽會活動。乾隆廿八年（1763）懷英布等纂修《泉州府誌》〔註28〕時提到：「上元夜，內外賽會，迎神鄉村之間。或於二月間，謂之進香。」在書中更提到，這種風俗在明朝隆慶（1567～1573）和萬曆（1573～1620）兩朝就已經相當流行。「《隆慶泉州府誌》云，多者費數百金，少者亦不下十金。《萬曆泉州府志》云，粧飾神像，窮極珍貝，閬遊鄉路，因起爭端。」〔註29〕明末何喬遠的《閩書》也提到：「泉中上元後數日，大賽神像，裝扮故事，盛飾珠寶，鐘鼓震天，一國若狂。」〔註30〕

〔註28〕懷英布等纂修《泉州府誌》（乾隆廿八年，1763），卷20。見於《泉州府志選》，臺灣銀行經濟研究室，臺灣文獻叢刊第233種，1967。
〔註29〕同上註。
〔註30〕何喬遠《閩書》（萬曆四十八年，1520），臺南，影印本，1964。福建人民出

當福建人移入臺灣的時候，家鄉的習俗也隨之帶入。因此迎神賽會是臺灣漢人社會一項由來已久的習俗。乾隆三十八年（1773）前後出任鳳山縣令和海防同知的朱景英在他的《海東札記》裡記載著：

> 俗喜迎神賽會。如天后誕辰、中元普渡，輒釀金境內，備極鋪排，導從列仗，華侈異常。又出金僱人家垂髫女子，裝扮故事，异遊於市，謂之「檯閣」，靡靡甚矣。每舉尚王醮設壇，造舟迭迎，儼恪糜費，尤屬不貲。神祠里巷靡日不演戲，鼓樂喧闐，相續於道〔註31〕。

清光緒十八年（1892）臺南知府唐贊袞在《臺陽見聞錄》裡也記載相似的風俗：

> 臺南郡城好尚鬼神。遇有神佛誕期，斂費浪用。當賽會之時，往往招攜妓女，裝扮雜劇，鬥艷爭妍，迎春大典也。而府縣各書差亦或招妓裝劇，騎而前驅，殊屬不成體。他如民間出殯，亦喪禮也，正喪主哀痛迫切之時，而親友輒有招妓為之送殯者。種種冶容誨淫，敗壞風俗。余蒞府任後，即出示嚴禁。如有妓女膽敢裝扮游街者，或經訪聞，或各段籤首指名稟送，立准將該妓女拏辦；其妓館查封，招妓之家並分別提究，此風漸息。〔註32〕。

在清代的臺灣，「抬閣」與「看戲」在基本上是同樣一件事。慶讚神誕時，一定要演戲。表面上是演給神明看，實際上是當時人們最主要的娛樂。康熙、乾隆時候，臺灣的戲班子流行的唱腔，稱之為「下南腔」。因為福建人在習慣上把泉州和漳州二府稱作「下南」。潮州移民則喜歡看「潮州戲」。朱景英在《海東札記》卷三更記載這種愛唱戲的情形：

> 神祠，里巷靡日不演戲，鼓樂喧闐，相續於道。演唱多土班小部，發聲詰屈不可解，譜以絲竹。別有宮商，名曰「下南腔」。又有潮班，音調排場，亦自殊異。郡中樂部，殆不下數十云。〔註33〕

婦女尤其喜好看戲。平時非常節儉的婦女，到了看戲的時候，也會變得

版社，1994。

〔註31〕朱景英《海東札記》，臺灣銀行經濟研究室，臺灣文獻叢刊第 19 種，1957，頁 28~29。

〔註32〕唐贊袞《臺陽見聞錄》，臺灣銀行經濟研究室，臺灣文獻叢刊第 30 種，1957，頁 145。

〔註33〕朱景英《海東札記》，臺灣銀行經濟研究室，臺灣文獻叢刊第 19 種，1957，頁 29。

慷慨大方。一地有戲，左右鄰村的婦女都會乘牛車前來看戲，甚至有遠從數十里之外駕牛車前來看戲者。這些愛好看戲的婦女必定會濃粧豔抹，打扮一番。她的丈夫更親自為她駕車，接送她們去看戲。這種情形讓來自大陸的官員大感驚訝。

根據這些資料，我們很清楚的看到，迎神賽會在十八、十九世紀的臺灣漢人社會，是普遍存在的風俗。大稻埕自然也不能例外。

這種風俗的存在，關係到漢人社會對宗教的態度和消費態度。臺地漢人生活豪奢並且鬥富的現象，早已見諸記載。康熙三十九年（1700）郁永河過臺南時，就看到這風俗。他在《裨海紀遊》裡記道：

> 近者海內恆苦貧，斗米百錢，民多飢色。賈人責負聲，日沸閭閻。臺郡獨似富庶，市中百物價倍，購者無吝色。貿易之肆，期約不愆。傭人計日百錢，趄趄不應召。屠兒牧豎，腰纏常數十金，每遇摴蒲，浪棄一擲間，意不甚惜。余頗怪之〔註34〕。

李元春的《臺灣志略》也記道：

> 民雖貧，不為奴婢。習尚華侈，衣服概用綾羅。雖輿隸庸販，衣褲率多紗帛。自內地初至者，恆以為奢。久之，習為固然。宴客必豐珍錯，價倍內地，互相角勝〔註35〕。

以上四條資料告訴我們有關臺灣盛行各種迎神賽會的文化背景。當時人們的消費形態也是值得注意的一環。馬若孟（Ramon Myers）曾經利用 1905 年舊慣調查會經資報告資料算出，一個擁有兩甲地的茶農，幾乎全部收入都用在吃的上面。稍為寬裕些的農夫，有 44%的收入花在吃上；37%花在拜拜、應酬、冠婚喪祭等禮儀活動上；穿、住各佔 3%；教育占 0.5%；交通佔 7%，其他佔 5.5%〔註36〕。由此可見，清末臺灣的漢人很肯花錢在宗教祭祀及相關的迎神賽會上面。

城隍爺的生日是農曆五月初六。而關聖帝君的生日是五月十三日。中國

〔註34〕郁永河《裨海紀遊》，臺灣銀行經濟研究室，臺灣文獻叢刊第 40 種，1957，頁 30。

〔註35〕李元春輯《臺灣志略》卷一「風俗」，臺灣銀行經濟研究室，臺灣文獻叢刊第 18 種，1957，頁 36。

〔註36〕Myers, Ramon H. "Taiwan Under Ch'ing Imperial Rule, 1684~1895. The Traditional Order", Journal of the Institute of the Chinese Studies of the University of Hong Kong, 4（2），1971。

商人多崇奉關帝，因爲他是結拜義氣的象徵﹝註37﹞。中國商場依靠彼此的義氣頗深。大稻埕純粹是個商業都市，商家鑒於當地沒有關帝廟而把霞海城隍慶典的迎神賽會部份，挪到五月十三舉行。

　　目前的情況是五月初六依照古禮舉行祭典，慶賀城隍的誕辰。並象徵性地把城隍帳下五營兵丁派往社區的各個角落，駐在各土地廟內，藉以平靖地方，謂之「放軍」。五月十一、十二兩夜，城隍爺帳下的「八將」（相傳是王朝、馬漢、張龍、趙虎、范將軍（七爺）、謝將軍（八爺）、牛頭、馬面）帶兵巡行全境，捉拿妖魔。一切料理妥當之後，才恭請霞海城隍老爺於十三日正午盛大出巡。這時各種遊藝團體應商家之請，跟隨助興，並彼此鬥勝，達到熱鬧的最高峰。以前家家戶戶在此期間宴請賓客，演戲助興。五月十八日舉行「收軍」禮儀，把派往各土地廟的兵丁收回來。整個儀式才算結束，這樣的安排是從什麼時候開始，現已無可考證。以目前所蒐集到的資料來看，在十九世紀末就已如此。

　　大稻埕霞海城隍廟這種熱鬧的迎神賽會並不是從廟宇落成的那一年（1859）開始，而是從清光緒五年（1879）開始。《臺灣日日新報》，昭和三年（1918）5月10日〈就城隍廟爐主言〉，其中提到「自己卯年間倡首迎神遶境」。翻查曆書，「己卯年」是清光緒三年，西元1879年。這是唯一的一條史料，說明現今霞海城隍廟著名的迎神賽會遶境活動是從清光緒三年開始的，也就是在這座廟宇建成後的二十年。也就是說，在霞海城隍廟建成後二十年，大稻埕的商人和居民才開始舉辦這種規模盛大的慶祝活動。爲什麼會選定從1879年開始這項拜拜活動呢？

　　這就是一個值得探究的問題。在臺灣的民間信仰中，「祈求和感謝神明的庇佑」是舉行迎神賽會的主要目的之一。在第一章已經提到迎神賽會是郊商的酬神活動。就讓我們沿著這個思路，去探索其中的緣由，關鍵就在於大稻埕的茶業國際貿易及其所帶動的大稻埕各行各業的繁華興盛。

﹝註37﹞ 有關關帝爲本省商人用作義氣象徵，參看洪敏麟〈清代關聖帝君對臺灣政治社會之影響〉《臺灣文獻》16（2），1965，頁53～59，。林衡道〈關帝信仰在臺灣〉《臺灣風物》26（2），1975，頁42～43。

第六章　茶業的國際貿易

　　大稻埕是一個因茶葉集散和加工而崛起的市鎮〔註1〕。在《淡水海關報告》的記載中，1869年時，大稻埕仍是個艋舺附近的小村落〔註2〕。那時候，艋舺是臺灣北部最大的商業中心，淡水港所有進出口貨物均在艋舺集散，也是全臺灣人口第二多的地方。但是，到了1898年，大稻埕的人口已達31,533人。在臺灣各城市中，僅次於臺南的47,283人。艋舺反以23,767人落居第三〔註3〕。為何大稻埕的發展如此迅速？跟霞海城隍廟的迎神賽會又有什麼關係？其主要關鍵應當在茶葉外銷這件事上。

第一節　水沙連茶

　　臺灣原有高山野生茶樹，分布在南投山地。康熙五十六年（1717）周鍾瑄在《諸羅縣志》的〈物產志〉曾提到：「茶經云：『茶者，南方嘉木』，北路無種者。水沙連山中有一種，味別，能消暑瘴。武彝、松蘿諸品皆至自內地。」〔註4〕這是最早的臺灣方志。根據這條資料，我們知道，臺灣北部原本沒有茶樹，在中部水沙連（今南投縣竹山、鹿谷、集集、名間一帶）的深山中，有

〔註1〕　林滿紅〈茶、糖、樟腦業與晚清臺灣經濟社會之變遷〉，臺北市：聯經出版公司，1976，頁176。
〔註2〕　《海關報告·淡水部份》（1869）：頁165。
〔註3〕　井出季和太《臺灣治績志》，臺灣總督府，1937。陳正祥《臺北市誌》（1957），臺北市：南天書局，1996，頁11
〔註4〕　周鍾瑄《諸羅縣志》卷十〈物產志/物產〉，康熙56年（1717），臺灣文獻叢刊第141種，1957。

一種茶，味道不同於日常生活所喝的茶。一般人日常喝的茶都是福建武夷山和安徽歙縣松蘿山所產的茶。

在同書卷十二的〈雜記志・外記〉中更提到：「水沙連內山，茶甚夥，味別色綠如松蘿，山谷深峻，性嚴寒，能卻暑消脹；然路險，又畏生番，故漢人不敢入採，又不諳製茶之法。若挾能製武彝諸品者，購上番採而造之，當香味益上矣。」顯然是知道水沙連的茶質地不錯，可是沒有良好的製茶方法，以致品質低落。

康熙六十一年（1722）藍鼎元在《東征集》中也提到：「水沙連內山，產土茶，色綠如松蘿，味甚清冽，能解暑毒，消腹脹，亦佳品云。」〔註5〕

乾隆元年（1736）首任巡臺御史黃叔璥（1666～1742）在他的《臺海使槎錄》卷三云：「水沙連茶。在深山中，眾木蔽虧，霣露蒙密，晨曦晚照，總不能及。色綠如松蘿，性極寒，療熱症最效。每年通事與各番議明，入山焙製。」〔註6〕

朱仕玠在《小琉球漫誌》卷六提到：「水沙連山在諸羅縣治內，有十番社。山南與玉山接，大不可極。內山產茶甚夥，色綠如松蘿。山谷深峻，性嚴冷，能卻暑消瘴。然路險且畏生番，故漢人不敢入採。土人云：凡客福州會城者，會城人即討水沙連茶，以能療赤白痢如神也。」〔註7〕

朱景英在《海東札記》卷三〈記土物〉也曾經提到：「地不產茶。水沙連一種，與茗荈相類，產野番叢箐中，曦光不到之處，故性寒可療熱症，然多啜恐胃氣受傷。」〔註8〕

從康熙末年到乾隆中葉的五十年間，臺灣只有一種水沙連茶聞名於世。這種茶具有醫療的效果，可以去熱，可以治赤白痢疾。「水沙連」是今天南投縣的鹿谷、竹山、集集、名間等地，現在也是以產茶著稱，可是不再宣稱有醫療的效果。準此，我們可以確知，後來北部所發展的製茶業跟南部土茶無關。

〔註5〕 藍鼎元《東征集》卷六〈紀水沙連〉，康熙六十一年（1722），臺灣文獻叢刊第 12 種，1958。

〔註6〕 黃叔璥《臺海使槎錄》卷三〈赤崁筆談/物產〉，乾隆元年（1736），臺灣文獻叢刊第 4 種，1958。頁 62。

〔註7〕 朱仕玠《小琉球漫誌》，乾隆三十年（1765），臺灣文獻叢刊第 3 種，1957。

〔註8〕 朱景英《海東札記》，乾隆三十八年（1773），臺灣文獻叢刊第 19 種，1957。

第二節　洋行與北部茶業的興起

臺灣北部的種茶始於十九世紀初葉。嘉慶年間（1796～1820），有位名叫柯朝的人，開始在鰈魚坑〔註9〕地方種植武夷茶，發育甚佳，收穫亦豐。於是逐漸傳開，在坪林、深坑、石碇、景美、新店等地開始跟進種茶〔註10〕，成為北部的一項特產。主要原因是臺北地區溫濕多雨，適合茶樹的生長，一年可以收成四次。

有關清代臺灣茶業的銷售，最初只是在臺灣島內，繼而運銷省城福州。《淡水廳志》卷四〈賦役志〉「茶釐」云：「北淡石碇、拳山二堡，居民多以植茶為業，道光年間，各商運茶往福州售賣。每茶一擔，收入口稅銀二圓，方准投行售賣。迨同治元年（1862），通商茶葉，遂無庸運往省城。省中既無入口稅銀可徵，臺地亦無落地釐銀可抽。而茶葉出產，遞年愈廣。」〔註11〕咸豐十一年（1861）九口通商之後，英國派駐淡水的首任領事郇和（Robert Swindhole）在他的記錄中也說：「當時臺灣已有巨量茶葉運銷大陸。」〔註12〕在淡水海關的記錄中，這一年茶葉的輸出記錄是 82,022 公斤。這是最早在公文書上可以見到的臺灣茶葉的正式記錄。

到了咸豐十年（1860年），情況有了根本的變化，臺北的茶葉開始有機會打進世界市場，大稻埕的貿易網絡也為之改變。

前章已提到，咸豐十一年（1861）淡水（滬尾）開港之後，洋人利用文字魔術，把「淡水港」的範圍延伸到大稻埕和萬華，到這兩地方設立商行、貨棧，從事砂糖、米、茶、樟腦和阿片的買賣。進而改變了臺灣的經濟結構。

根據 J. W. Davidson〔註13〕和連橫〔註14〕對臺北地區製茶業的記錄，我們知道，大稻埕製茶業及其外銷跟外國資金和技術的引入有關。自從淡水開港

〔註9〕　鰈魚坑究竟指那個地方，有兩種不同的說法。臺北市茶商公會認為是指臺北縣的瑞芳，是個多雨的地方。見臺北市茶商同業公會編著《臺茶輸出百年簡史》，1965，頁2。另一說是指臺北縣深坑鄉、石碇鄉，見廖慶樑《臺灣茶聖經》，新北市：揚智出版社，2009，頁17。

〔註10〕　陳培桂《淡水廳志》卷四，志三，〈賦役志〉，「茶釐」。《臺灣史料集成，清代臺灣方志彙刊》，第28冊，臺北市：文建會，2006。頁196～197。連橫《臺灣通史》，2008，頁402。

〔註11〕　陳培桂《淡水廳志》卷四，志三，〈賦役志〉，「茶釐」。2006。頁196～197。

〔註12〕　轉引自臺北市茶商同業公會編著《臺茶輸出百年簡史》，1965，頁2。

〔註13〕　Davidson, J. W. *The Island of Formosa：Past and Present*,（1903）。臺北市：南天書局，2001。

〔註14〕　連橫《臺灣通史》，北京：九洲出版社，2008，頁402～403。

以後，逐漸有外商來到艋舺和大稻埕，設立洋行，從事國際貿易。

　　把臺灣帶入國際貿易之列者首推蘇格蘭人德克（John Dodd，又名讓獨獨、道先生或陶德）。他最初是顛地洋行（Dent & Co.）駐廈門的代理人。顛地洋行在中國通用的名稱是「寶順洋行」，取「寶貴和順」之意。在臺灣的記錄中，寶順洋行卻作 Dodd & Co.。

　　咸豐十一年（1861），德克第一次到臺灣來探察樟腦的生意，就發現臺灣北部的氣候、土質非常適合栽種茶樹。同治四年（1865）德克於淡水設立寶順洋行，販賣鴉片、樟腦，同時也從事茶的生意。德克在買辦李春生的協助下，從福建安溪運來新的茶種，勸農分植，又貸款給茶農，教以新的烘培技術。同治六年（1867），德克收購臺北所生產的粗製茶，首次試銷澳門。由於芳香郁馥，風味特殊，獲得好評，於是信心大增。為免去運往福州加工之勞費，同治七年（1868）他從福州請來製茶的技師，設廠精製烏龍茶，奠下大稻埕往後茶業發展的基礎〔註15〕。這是一種半發酵的茶，接近於紅茶，適合英美人士喝茶的口味。同治八年（1869），德克試著將臺茶用「福島烏龍茶」（Formosa Oolong Tea）商標，運銷美國紐約，數量達 2,131 擔，121,856 公斤。由於品質不錯，頗獲好評，獲利也多。此舉為臺灣的製茶業和茶葉外銷開創新紀元〔註16〕。

<h3 style="text-align:center">福爾摩沙廣告商標</h3>

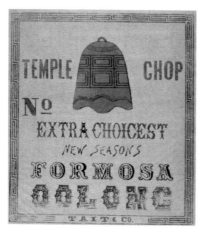

資料來源：《臺灣百年生活圖錄》第一輯，廣告時代，頁 124。

〔註15〕　臺灣總督府殖產局特產課《臺灣の茶業》，1937，頁 1。
〔註16〕　臺灣總督府殖產局特產課《臺灣の茶業》，1937，頁 1。臺北市茶商同業公會編著《臺茶輸出百年簡史》，1965，頁 9。

同治九年（1870）寶順洋行輸往美國的烏龍茶暴增為 10,540 擔，價格也從先前的每擔 15 美元增加為每擔 30 美元。美國成為臺灣烏龍茶的主要市場。

從同治九年（1870）開始，臺灣茶的名聲和市場逐漸建立，茶價也不錯，外商渡海來臺設廠製茶者也日漸增加。同治十一年（1872）已經有五家洋行從事製茶和外銷事業。這五家洋行為寶順洋行（Dodd & Co.），德記洋行（Tait & Co.），愛利士洋行（Elles & Co.），水陸洋行（Brown & Co.），和記洋行（Boyd & Co.）。這五家都是英國商人。

後來又增加英商義和洋行（後來改為怡和洋行，Jardine Matheson & Co.）、英商嘉士洋行（Cass & Co.）、西班牙商瑞記洋行（Malcampo & Co.）、德商廉士洋行（James Milish & Co.）、美商惠利洋行（Field Hastus & Co.）、美商新華利洋行（The Anglo-American Deroct Tea Trading Co.）、美商美時洋行（Oliver Carter Macy Inc.）、美商裕達洋行（Reuten Brockelman & Co.）、美商羅百克洋行（Laprack & Co.）等九家洋行〔註17〕。這十四家洋行存在的時間長短不一。也就是說，在臺北大稻埕，先後曾經有十四家洋行。

本地的商人群起效尤，闢茶園，設茶廠，或運粗製茶到廈門加工，而後運銷南洋各地。根據日人占領臺灣之初的調查，在光緒二十二年（1895）時，有本地茶商 259 家，總資本額是 1,072,384 元，從業員工有 3,638 人。

依據茶商公會 1918 年至 1937 年的會員名錄上的記載，包種茶商共有 140 家，烏龍茶商 216 家。這兩類茶商沒有日本人。烏龍包種茶商 60 家，其中有 4 家是日本人經營。紅茶商 9 家，其中有 4 家是由日本人經營。洋行 10 家，日本人 4 家、英國人 3 家、美國人 3 家。茶棧 113 家，其中由日本人經營的只有 2 家。茶箱商 36 家，日本人經營者 1 家。

從茶商公會的會員名錄來看，經營包種茶者大多在海外有他們自己的分店。做烏龍茶生意者由於都是供應給洋行，由洋行運銷歐美，都沒有海外的分店。茲依據這份名錄，整理包種茶商在海外設立分店的分布情形，如下表所示

〔註17〕臺北市茶商同業公會編著《臺茶輸出百年簡史》，1965，頁 10。

表 6-1　包種茶行海外分店的分布情形（1918 年 4 月 1 日至 1937 年 3
月 31 日）

國　　別	城市或地區	包種茶行分店數	兼賣包種茶烏龍茶	合計	附　　註
日本	內地	1	1	2	
	琉球	15	8	23	
	滿洲	9	3	12	
越南	安南	14	2	16	
	西貢	18	3	21	現在稱胡志明市
馬來西亞	彼南	2	1	3	Penang 的音譯，現譯作檳榔嶼
印尼	巴達維亞	13	0	13	即現在的雅加達，印尼的首都
	三寶壟	36	5	41	Semarang 印度尼西亞爪哇島中爪哇省商港和首府。
	井里汶	22	2	24	Tjirebon，在印尼西爪哇島的東部，有兩萬多華人，1963 年排華事件的發生地。
	泗水	6	0	6	Surabaya，印尼第二大城，在爪哇島的東北角
泰國	暹邏	26	7	33	
	曼谷	27	3	30	
菲律賓	呂宋	3	0	3	
	馬尼拉	2	2	2	
中國	廈門	10	0	10	
	香港	5	0	5	
新加坡	新加坡	27	16	43	
	中街	1	0	1	在今牛車水
	東街	8	0	8	在今牛車水
	東市	5	0	5	在今牛車水
歐美			1	1	
合計		250	54	302	

資料來源：《日治時代茶商公會業務成長報告書 1917～1944》〈會員名錄〉，頁 289～
359，2008。

　　從這個表格來看，包種茶商的海外分店，以國別來說，印尼（當時稱作荷屬東印度）最多，有 83 間販售包種茶的分店、泰國（暹邏）63 間、新加坡有 57 間。這三國的華人占居相當數量。反而是菲律賓馬尼拉有些奇怪。在茶商公會的統計資料上，輸往馬尼拉的茶數量不少，可是銷售的據點卻很少。不知該如何解釋。

　　以分店數來說，錦記茶行以九家分店居冠，主事者是陳天來。這九家分店分別設在三寶壟、井里汶、巴達維亞、曼谷、滿洲、日本內地、西貢、新加坡、中街。也就是說，在印尼有 3 家分店、新加坡 2 家分店、其他四地各一家分店。

　　有七家分店者有三家茶行：芳春（新芳春、合資會社新芳春茶行）、義興吉和郭河東。

　　芳春行的主事者為王芳群、王連等、王連河等人，它的分店設在安南、西貢、暹邏、曼谷、新加坡、井里汶、彼南（檳榔嶼）。也就是在越南兩家、泰國兩家、新馬兩家、印尼一家。

　　義興吉的主事者是蘇登原、蘇廣泉。分店設在暹邏、曼谷、安南、西貢、琉球、滿洲與新加坡。

　　郭河東的主事者是郭漢泉（1912～1919、1921、1926～1931）、郭春秧（1922～1925）。它的分店分別設在三寶壟、巴達維亞、井里汶、新加坡東市、新加坡東街、廈門、新加坡。也就是說，在新加坡有三家分店、印尼三家、廈門有一家。

　　擁有六家分店的茶行有二：永裕、建泰。永裕的茶行的負責人是陳朝煌（1923）、陳朝駿、陳朝波（1932）。分店分布在三寶壟、井里汶、巴達維亞、廈門和新加坡的東街。建泰茶行的負責人是陳松標、陳雨經（1924）、陳松蒼（1930），分店分別設在三寶壟、井里汶、巴達維亞、新加坡東市、新加坡東街、廈門。從分店的分布地來看，這兩家茶行都是以印尼爪哇和新加坡為主。

　　從以上簡單的分析可以看出，臺灣包種茶在南洋，乃至於東亞的販售概況。令人好奇的是馬來亞的西岸是中國人聚居最多的地方，主要集中在馬六甲和檳榔嶼。可是在這本茶商名錄中，只有芳春行在檳榔嶼有一家分店。在馬六甲沒有任何一家茶行前去設立分店。馬六甲、新加坡和檳榔嶼合稱「英國海峽殖民地」同屬一個行政系統，同樣都是福建、廣東的移民，在選用包種茶方面卻有截然不同的表現，不知是何原因？

第三節　茶的品種

臺灣茶能夠在十九世紀末葉，在外銷市場中，異軍突起，實種因於產品的品質精良，再加上茶農與茶商有強大的臨機應變能力，隨時可以製造出具有良好色、香、味的茶葉，以適合市場的需要。

臺灣的茶樹除了在高山上的野生山茶外，所有的茶樹品種都是由大陸移入。也有利用大陸品種育成新的品種。外來的品種有從緬甸移入的阿薩姆種。從清代到現在，臺灣的茶樹主要品種有四種：青心烏龍、大葉烏龍、青心大冇、硬枝紅心等，都是由大陸移入品種改良而成。茲比較這四種茶樹的樹性和種植上的特性如下表：

表 6-2　四種茶樹特性之比較

品種名稱	樹　性	萌芽之遲早	收穫量	製　茶　品　質		
				烏龍茶	包種茶	紅　茶
青心烏龍	稍強	遲	多	佳	最佳	佳
大葉烏龍	最強	早	多	佳	佳	最佳
硬枝紅心	最強	早	多	佳	佳	佳
青心大冇	強	中	最多	最佳	佳	最佳

資料來源：臺北市茶商同業公會編著《臺茶輸出百年簡史》，1965，頁5。

第四節　烏龍茶及其出口貿易

烏龍茶是一種半發酵製茶。最初的製造方法來自福建，可是臺灣經營者悉心研究，不斷改良，方才得以發揚光大。它的特性有以下幾項：

1. 水色：呈琥珀之金黃色，非常鮮豔。
2. 香氣：有熟果香的高雅香氣，也有梨香或蘋果香。隨茶樹的品種而異。
3. 味：香醇而純和，甘潤有回味，入口有如嚼果之味。是烏龍茶最具特色之處。
4. 形狀：高級茶外形呈紅、黃、白三色。能呈現豔麗的鮮花色者，是烏龍茶中的極品。

在光緒七年（1881）之前，臺灣茶只有烏龍茶一種而已。依照臺灣區茶輸出同業公會所編製的〈臺灣茶一百年間歷年輸出數量統計表〉得知烏龍茶歷年產量及出口量。如下表：

表 6-3　歷年烏龍茶出口數量之統計

朝代	年　　　代	生產數量 （公斤）	生產價值 （日圓）	輸出數量 （公斤）	輸出價值 （日圓）
清代	同治四年（1865）	82,022	13,675	82,022	
	同治五年（1866）	81,371	13,565	81,371	
	同治六年（1867）	121,856	30,464	121,856	
	同治七年（1868）	203,494	67,843	203,494	
	同治八年（1869）	200,453	60,136	200,453	
	同治九年（1870）	633,407	358,448	633,407	
	同治十年（1871）	892,084	446,042	892,084	每百斤 34.00
	同治十一年（1972）	1,170,811	800,249	1,170,811	每百斤 38.00
	同治十二年（1973）	936,596	390,373	936,596	每百斤 16.00
	同治十三年（1874）	1,476,627	836,952	1,476,627	每百斤 32.84
	光緒元年（1875）	2,494,413	1,164,392	2,494,413	每百斤 25.24
	光緒二年（1876）	3,534,312	1,899,693	3,534,312	每百斤-------
	光緒三年（1877）	4,153,800	1,938,994	4,153,800	每百斤 27.51
	光緒四年（1878）	4,815,660	2,536,424	4,815,660	每百斤 28.45
	光緒五年（1879）	5,101,970	5,003,502	5,101,970	每百斤 34.76
	光緒六年（1880）	5,428,553	3,574,159	5,428,553	每百斤 36.23
	光緒七年（1881）	5,768,318	混入包種茶 18,446	5,768,318	每百斤 35.20
	光緒八年（1882）	5,421,536	3,076,722	5,421,536	每百斤 40.43
	光緒九年（1883）	5,873,680		5,873,680	每百斤 34.30
	光緒十年（1884）	5,620,440	3,265,476	5,620,440	每百斤 35.87
	光緒十一年（1885）	7,014,832		7,014,832	每百斤 33.59
	光緒十二年（1886）	7,283,283	4,579,728	7,283,283	每百斤 41.76
	光緒十三年（1887）	7,588,492	4,359,589	7,588,492	每百斤 39.50
	光緒十四年（1888）	8,144,460	5,021,787	8,144,460	每百斤 32.63
	光緒十五年（1889）	7,222,144		7,212,244	每百斤 33.40
	光緒十六年（1890）	717,200	4,803,957	7,717,200	每百斤 36.44
	光緒十七年（1891）	8,148,207	4,320,994	8,148,207	每百斤 30.44
	光緒十八年（1892）	8,204,138	5,011,087	8,204,138	每百斤 32.57
	光緒十九年（1893）	9,836,912	6,316,181	9,836,912	每百斤 37.62
	光緒二十年（1894）	8,229,602	6,137,637	8,229,603	每百斤 39.90
	光緒二十一年（1895）	8,039,580	5,513,544	8,039,580	每百斤 44.76

日據時代	明治二十九年（1896）	9,643,373	5,861,174	9,643,373	5,515,047
	明治三十年（1897）	8,035,800		9,643,373	6,445,121
	明治三十一年（1898）	7,835,200		7,840,200	5,696,842
	明治三十二年（1899）	7,051,200		7,051,200	4,723,450
	明治三十三年（1900）	7,255,700		7,255,700	4,186,703
	明治三十四年（1901）	7,406,100		7,406,100	2,996,002
	明治三十五年（1902）	8,555,800		8,555,800	6,033,224
	明治三十六年（1903）	9,142,000		9,142,000	5,323,938
	明治三十七年（1904）	8,152,900		8,152,900	5,054,450
	明治三十八年（1905）	8,668,400		8,668,400	5,341,288
	明治三十九年（1906）	7,465,937.4	4,483,405	7,465,937	3,981,401
	明治四十年（1907）	8,098,741.8	4,266,000	7,855,700	3,984,637
	明治四十一年（1908）	7,667,207.4	4,248,097	7,710,400	4,117,948
	明治四十二年（1909）	8,090,483.4	4,309,364	8,128,000	4,301,617
	明治四十三年（1910）	8,106,783.6	4,445,245	8,104,400	3,853,080
	明治四十四年（1911）	9,207,804.0	5,343,950	9,207,804	5,227,923
	大正元年（1912）	7,081,662.6	4,000,070	7,325,699	4,057,688
	大正二年（1913）	7,323,808.2	4,110,784	7,221,078	3,942,347
	大正三年（1914）	7,602,306.6	4,297,897	7,488,347	3,853,260
	大正四年（1915）	9,064,033.8	5,418,810	8,888,846	4,312,707
	大正五年（1916）	8,785,882.2	5,414,009	8,486,592	3,936,622
	大正六年（1917）	8,445,273.0	5,246,307	8,112,643	1,731,073
	大正七年（1918）	8,983,134.0	6,440,516	8,806,681	5,692,304
	大正八年（1919）	7,654,678.2	5,793,404	6,879,690	5,346,327
	大正九年（1920）	3,235,160.4	1,572,509	2,893,305	2,536,026
	大正十年（1921）	4,772,730.6	3,500,512	4,512,702	3,534,590
	大正十一年（1922）	5,428,700.4	4,148,328	5,378,583	4,867,662
	大正十二年（1923）	5,704,230.0	4,524,868	5,870,348	5,160,965
	大正十三年（1924）	5,295,298.2	4,431,318	5,144,197	4,864,578
	大正十四年（1925）	5,001,796.8	4,765,862	4,828,231	5,220,958
	昭和元年（1926）	4,956,694.2	5,562,792	4,789,887	5,470,129
	昭和二年（1927）	4,831,177.8	4,891,554	4,809,447	5,102,621
	昭和三年（1928）	4,778,721.6	4,762,086	4,135,487	4,315,770
	昭和四年（1929）	3,875,038.7	3,744,876	3,365,383	3,423,426

昭和五年（1930）	3,793,412.3	3,442,091	3,235,160	2,608,639
昭和六年（1931）	4,134,370.7	2,845,069	3,480,142	2,350,845
昭和七年（1932）	4,280,853.6	1,789,280	3,832,622	2,802,316
昭和八年（1933）	3,810,810.6	2,055,395	4,003,902	2,894,245
昭和九年（1934）	3,175,436.4	3,562,301	3,048,284	3,117,360
昭和十年（1935）	3,168,018.6	3,538,321	3,980,287	3,814,289
昭和十一年（1936）	3,029,624.4	3,571,499	2,309,053	2,954,716
昭和十二年（1937）	2,092,204.8	2,870,562	1,920964	2,539,925
昭和十三年（1938）	2,711,396.4	3,714,700	2,462,335	2,891,145
昭和十四年（1939）	2,583,874.8	4,501,546	2,466,206	4,306,992
昭和十五年（1940）	1,264,114.8	1,974.363	1,433,863	2,828,989
昭和十六年（1941）	63,437.3	90,989	4,080	5,934
昭和十七年（1942）	2,207,295.8	364,399	19,639	20,120
昭和十八年（1943）	119,990.0	220.207	44,960	
昭和十九年（1944）	51,492.0	198,594	51,492	
光復以來　民國三十四年（1945）	19,500.0	102,500	19,500	
民國三十五年（1946）	507,303.0	49,868,672（舊臺幣）	704,146	
民國三十六年（1947）	1,068,847.0	543,285,170（舊臺幣）	754,492	
民國四十年（1951）			402,000	
民國五十三年（1964）			365,000 公斤	

資料來源：輸出數量部分：張我軍〈臺灣之茶〉（一），收入臺灣銀行金融研究室編，臺灣特產叢刊第三種，《臺灣之茶》，1949，頁 7～8。臺北市茶商同業公會編著《臺茶輸出百年簡史》「臺灣茶業一百年間歷年輸出數量統計表」、「臺灣烏龍茶之生產額」，1965。生產資料、生產價格與輸出價值資料：張佩英、曹淑珍〈臺灣之茶〉，收入臺灣銀行金融研究室編，臺灣特產叢刊第三種，《臺灣之茶》，1949，頁 52。

　　從這個表格我們可以看出烏龍茶從開始到興盛，再慢慢轉衰的整個起伏經歷。在初起的十年中，以倍速成長。特別是 1869 年到 1870 年，烏龍茶的輸出量由前一年的 200,453 公斤躍升為當年的 633,407 公斤，成長了三倍之多。接下去的十年中，每年都以飛快的倍速成長，而在明治四十四年（1911）時，烏龍茶的生產到達頂峰，是日據時代的最高紀錄，920 萬公斤。大正前幾年的收成也很好，維持在 850 萬公斤。然後逐年下降。這種衰退主要是受到爪哇紅茶入侵美國市場的緣故，烏龍茶不敵，節節敗退。在 1919 年，烏龍茶的數量大幅下降，就是因為爪哇紅茶奪取了烏龍茶的美國市場。自此以後，

節節下降，到了 1940 年，烏龍茶的輸出量降爲 148 萬 7200 公斤。後四年的輸出量更少，日本戰敗投降的 1945 年基本上沒有輸出數量。

促成烏龍茶失敗的另一個原因也是由於臺灣的經營者故步自封，不求進步。更有不肖商人用劣質茶魚目混珠，以致影響聲譽，失去美國人的信心。到昭和五年（1930）時，跌到 325 萬公斤。此後更一蹶不振，如江河之日下，不復回頭。

1937 年日本發動七七事變，全面入侵中國大陸。由於捲入戰爭時期，烏龍茶的產量明顯下降。1941 年，烏龍茶的生產量跌到谷底。這一年也是日本軍閥發動太平洋戰爭，偷襲美國夏威夷的珍珠港。到民國三十四年（1945）日本人投降時，產量只剩下 19,500 公斤。光復後，臺灣又遭逢物價飛漲，貨幣貶值的危機，舊臺幣以四萬元折換新臺幣一元。茶的生產和銷售都受到很大的阻礙。

在輸出場域方面，據明治二十八年（1895）日本總督府殖產局特產課所編的《臺灣茶業の調查》書中所列，烏龍茶的輸出市場計有大陸、香港、美國、英國等地。

到了昭和九年（1934），烏龍茶的銷售地區計有：美國、澳洲、英國、英屬美洲、香港等地。

臺灣茶商公會從大正六年（1917）到昭和十六年（1941）有各種茶葉的輸出記錄。烏龍茶全由洋行收購，販售歐美國家。烏龍茶的輸出幾乎都操在英美洋行之手。表 6-2 清楚說明這個事實。以下是各洋行的採購烏龍茶的記錄：

表 6-4　各洋行歷年烏龍茶買入量之統計（1924～1932）

（一）

	大正五年 1916	大正六年 1917	大正七年 1918	大正八年 1919	大正九年 1920
三井茶行	100,000	100,300	102,000	96,500	19,000
和記洋行	69,200	68,400	59,500	61,200	19,950
德記洋行	69,500	64,000	78,640	50,000	46,100
惠利洋行	37,800	56,000	31,130	36,800	20,000
美時洋行	103,500	50,000	70,600	68,400	13,600
義和洋行	63,400	47,000	43,600	32,800	21,100

華利洋行	40,800	41,000	40,000	26,400	17,600
野澤組	3,600	31,000	30,400	16,300	6,800
淺野物產			42,000	----	----
三菱茶行			----	2,363	-----
共計	488,100	457,400	497,870	390,763	164,350

單位：箱（一箱淨重 31 斤）

續（二）

	大正十年 1921	大正十一年 1922	大正十二年 1923	大正十三年 1924	大正十四年 1925
三井茶行	27,900	63,700	56,800	60,000	73,500
和記洋行	36,900	41,300	47,500	45,400	39,250
德記洋行	56,000	54,300	66,400	79,200	58,600
惠利洋行	20,450	29,700	23,000	----	----
美時洋行	36,500	43,500	56,000	57,000	65,850
義和洋行	30,600	35,000	42,200	40,000	29,000
華利洋行	38,200	34,000	28,000	-----	----
大美洋行	----	----	----	1,900	----
野澤組	2,100	8,500	12,000	14,000	10,500
共計	248,650	310,000	331,900	297,500	276,700

續（三）

	昭和元年 1926	昭和二年 1927	昭和三年 1928	昭和四年 1929	昭和五年 1930
三井茶行	59,000	32,500	21,500	19,000	15,400
和記洋行	36,300	38,300	16,750	24,000	12,750
德記洋行	55,100	55,160	54,300	33,530	40,150
美時洋行	84,700	76,200	76,200	60,300	66,540
義和洋行	28,750	21,500	19,050	15,950	11,800
新華利洋行	----	43,200	28,700	23,550	30,700
野澤組	4,700	8,700	12,100	8,550	5,400
共計	268,450	275,560	228,600	184,880	182,740

續（四）

	昭和六年 1931	昭和七年 1932	昭和八年 1933	昭和九年 1934	昭和十年 1935
三井茶行	22,200	7,047	8,654	7,379	15,500
和記洋行	12,200	14,338	12,209	----	----
德記洋行	43,500	49,438	48,344	36,751	34,000
美時洋行	62,500	70,260	87,017	65,709	91,500
義和洋行	10,220	18,407	18,375	18,326	14,800
新華利洋行	42,000	39,393	30,345	36,386	35,000
野澤組	6,100	4,485	3,113	1,331	10,300
其他	----	228	338	542	2,625
共計	198,720	203,596	208,395	166,424	203,725

續（五）

	昭和十一年 1936				
三井茶行	6,812				
和記洋行	----				
德記洋行	37,242				
美時洋行	57,451				
義和洋行	15,270				
新華利	22,547				
野澤組	3,177				
其他	2,855				
共計	145,354				

資料來源：《日治時代茶商公會業務成績報告書》，〈貳、商業狀況〉，2010，頁189～268。

　　從這些記錄中可以看到，德記洋行一直是最主要的輸出者。和記、美時、義和與三井都是先盛後衰。惠利洋行最早退出，華利洋行於1926年改組成「新華利洋行」。日資的淺野物產和三菱茶行，分別出現在1918和1919年的記錄中，只是曇花一現而已。沒有實質的作用。洋行不直接從生烏龍茶的生產，而是向大稻埕眾多的茶廠（鋪家）採購。洋行外銷益盛，對大稻埕茶廠的採購益多。大稻埕市況也就益加繁榮，霞海城隍廟的祭典廟會也就跟著熱鬧。

　　烏龍茶最大的市場是美國，英國次之。可是在輸出的數量上卻有天壤之別。其他如澳洲、加拿大、法國、秘魯、丹麥、西班牙、印度、南非、挪威、德國等也都有少量的輸出。如下表所示：

表 6-5　臺灣茶歷年對國際市場輸出別、輸出數量及比率表

		合　計	美國	英國	澳洲	香港	中國大陸	加拿大	其他地區
1896	數量	9,643,375	328,085			22,531	9,273,674		19,283
	%	100	3.4			0.2	96.4		0.2
1904	數量	5,982,612	2,968,532			15,989	2,990,091		
	%	100	49.6			0.3	50.1		
1914	數量	7,488,347	6,897,609	375,901	91,128	77,979	12,144	20,360	13,226
	%	100	92.1	5.0	1.2	1.0	0.2	0.3	0.2
1924	數量	5,144,177	4,446,231	493,825	39,622	88,070	5,990	7,353	63,086
	%	100	86.4	9.6	0.8	1.7	0.1	0.2	1.2
1934	數量	3,048,284	2,612,776	384,664	18,456	1,883		5,041	25,464
	%	100	85.7	12.6	0.6	0.1		0.2	0.8
1944	數量	5,700							
	%	100							
1954	數量	245,108	151,149	59,927				746	33,286
	%	100	61.7	24.4				0.3	13.6
1964	數量	264,087	176,691	47,027		6,137		2,093	32,139
	%	100	66.9	17.8		2.3		0.8	11.8

資料來源：《臺茶輸出百年簡史》，1965，頁 43。　　　　　　　　　　（單位：公斤）

　　張我軍在〈臺灣之茶〉一文也利用 1924 年到 1932 年每隔一年的統計資料來說明烏龍茶輸往那些國家。他是以「箱」為單位。輸出國以美國為最多。他的統計表如下：

表 6-6　烏龍茶的輸出地區與數量（1924～1932）

	1924 年	1926 年	1928 年	1930 年	1932 年
美國	262,209	240,219	199,150	138,432	187,249
英國	29,818	26,256	27,762	36,762	13,198
澳洲	2,058	2,447	1,090	890	1,095
加拿大	286	740	495	880	998
法國	450	192	-----	450	224
香港	644	266	406	131	204
大陸各地	329	800	77	619	2
日本	1,567	718	799	670	347
其他	483	561	67	357	234
共計	297,809	272,195	229,483	179,191	203,551

資料來源：張我軍〈臺灣之茶〉，收入臺灣銀行金融研究室編，臺灣特產叢刊第三種，
　　　　　《臺灣之茶》，1949，頁 9。【單位：箱（30 斤或 31 斤）】

第五節　包種茶及其出口貿易

　　同治十二年（1873），烏龍茶外銷不順。部分洋行暫停購買烏龍茶，使得臺北茶行倉庫堆滿了茶葉。在「窮則變，變則通」的指引下，洋商把一部分茶葉運往福州加工，改製成包種茶，販售中國大陸各地。八年後，也就是到了光緒七年（1881），福建同安的吳福老來到大稻埕，開設「源隆號」茶廠，經營製造包種茶，是為臺灣開始生產精製茶的先河。同年，開始輸出包種茶〔註18〕。

　　接著就有福建安溪的茶商王安定與張占魁合辦「建成號」。福建各地茶商接踵而至，生產和販售包種茶。於是，包種茶的聲勢日隆，與烏龍茶並駕齊驅。

　　臺灣的包種茶具有以下的特性：

　　1. 水色：低火候者，呈橙黃色，以鮮麗為貴。高火候者，具有紅、黃、
　　　　　甚至深紅色。
　　2. 香氣：以花香為主。就是以一種高雅脫俗的自然花香為品茗者所欣
　　　　　賞。最好的花香之特色是「清飄不膩」。主要是用茉莉花、梔
　　　　　子花、素馨花。
　　3. 味：分高低火候二種。高火候以甘潤回味有喉韻為主。低火候者具有
　　　　　上述自然之清飄花香為主要條件，味以純和甘滑為主。

　　臺灣包種茶雖然品質很好，不過由於飲用者的口味不同，有人嫌它過於清淡。為了迎合不同嗜好、口味的消費者，於是用「薰花」的辦法，來增加包種茶的香氣。薰茶所用的香花主要是茉莉〔註19〕、素馨〔註20〕、梔子〔註21〕。連

〔註18〕臺北市茶商同業公會編著《臺茶輸出百年簡史》，1965，頁10。
〔註19〕雙瓣茉莉（學名：*Jasminum sambac*，梵文：Mallika）為木犀科素馨屬的植物，
　　　是一種高約1至3公尺的灌木。分佈在印度、菲律賓、緬甸和斯里蘭卡。

〔註20〕素馨（學名：*Jasminum grandiflorum*），又名素英、耶悉茗花[1]、野悉蜜[2]、玉
　　　芙蓉[3]、素馨針[4]，屬木犀科。花多白色，極芳香。原產於嶺南。喜溫暖、濕
　　　潤的氣候和充足的陽光，宜植於腐殖質豐富的沙壤土。可以壓條、扦插法繁
　　　殖。亦可用於製作中藥。古代常作為婦女的頭飾。

橫在《臺灣通史》提到包種茶必需要薰花之事：「南洋各埠前銷福州之茶，而臺北之包種茶足與匹敵，然非薰以花，其味不濃。」〔註22〕

　　於是又引發出「種花」的行業。茶商需要花農的協助，就近供應薰花所需要的香花。每甲土地種花，可以收入 10 元以上，比種茶的利益還高。於是在艋舺、大稻埕、大隆同，甚至三張犁一帶，有許多以種香花爲業的花農。

　　在產量方面，清代部分只能從輸出數量來推測產量。同治七年（1881）第一次有包種茶的輸出記錄，有 18,446 公斤。日據以後，產量連年遞增，如下表所示：

表 6-7　臺灣茶業一百四十年間歷年輸出數量統計表（臺灣區茶輸出業同業公會）

時代 清代	數量總計（公斤）	價值總計（銀元）	各種茶業輸出數量　（公斤）				
			烏龍茶（公斤）	包種茶（公斤）	紅茶（公斤）	綠茶（公斤）	其他（公斤）
1865	82,022	13,673	82,022				
1866	81,371	13,565	81,371				
1867	121,856	30,464	121,856				

〔註21〕梔子（學名：*Gardenia jasminoides*），又名木丹、鮮支、卮子、越桃、水橫枝、支子花、枝子花、山梔花、黃雞子、黃藄子、黃梔子、黃梔、山黃梔、玉荷花、白蟾花，屬茜草科梔子屬植物。

〔註22〕連橫《臺灣通史》，北京：九洲出版社，2008，頁 403。

1868	203,494	67,845	203,494				
1869	200,453	60,136	200,453				
1870	632,407	358,448	632,407				
1871	892,084	446,042	892,084				
1872	1,170,811	800,249	1,170,811				
1873	936,596	390,373	936,596				
1874	1,476,627	836,952	1,476,627				
1875	2,494,413	1,164,392	2,494,413				
1876	3,534,312	1,899,693	3,534,312				
1877	4,153,800	1,938,994	4,153,800				
1878	4,815,660	2,836,424	4,815,660				
1879	5,101,970	5,003,502	5,101,970				
1880	5,428,553	3,574,159	5,428,553				
1881	5,786,764	3,439,074	5,786,764	18,446			
1882	5,421,536	3,076,722	5,421,536				
1883	5,941,827	3,578,762	5,873,680	68,147			
1884	5,620,440	3,265,476	5,620,440				
1885	7,363,800	4,312,748	7,014,832	348,968			
1886	7,283,283	4,579,728	7,283,283				
1887	7,588,492	4,359,589	7,588,492				
1888	8,144,460	5,021,787	8,144,460				
1889	7,842,480	4,574,519	7,222,144	620,336			
1890	7,717,200	4,803,957	7,717,200				
1891	8,148,207	4,320,994	8,148,207				
1892	8,204,138	5,011,087	8,204,138				
1893	9,836,912	6,316,181	9,836,912				
1894	8,229,602	6,137,737	8,229,602				
1895	8,039,580	5,513,544	8,039,580				
日據時代	數量總計（公斤）	價值總計（日圓）	烏龍茶（公斤）	包種茶（公斤）	紅茶（公斤）	綠茶（公斤）	其他（公斤）
1896	9,643,373	5,861,174	9,843,373				
1897	9,137,100	6,938,652	8,035,800	1,101,300			
1898	9,052,100	6,299,316	7,840,200	1,216,900			
1899	8,364,400	5,583,305	7,051,200	1,313,200			
1900	8,849,684	5,322,725	7,255,700	1,503,500			90,484
1901	9,011,717	4,211,895	7,406,100	1,317,400			288,217
1902	9,930,307	6,959,766	8,555,800	1,200,400			174,107
1903	10,863,232	6,279,826	9,142,000	1,473,500			247,732
1904	9,858,790	5,982,612	8,152,900	1,457,100			248,790
1905	10,785,936	6,377,207	8,668,400	1,776,100			341,436

1906	10,441,046	5,176,727	7,965,100	1,933,900	400		541,646
1907	10,421,346	5,397,058	7,855,700	2,164,700	13,300		387,646
1908	10,594,655	5,152,864	7,710,400	2,483,000	15,500		385,755
1909	10,899,203	6,135,110	8,128,000	2,525,300	86,900		159,003
1910	11,327,263	6,425,418	8,104,400	2,805,800	68,900		348,160
1911	12,264,650	7,236,022	9,205,100	2,515,200	83,400		460,950
1912	11,369,830	6,827,511	7,325,699	3,594,717	32,700		416,714
1913	11,189,352	6,568,869	7,221,079	3,305,743	200,300		462,225
1914	11,308,896	6,800,416	7,488,347	3,448,824	91,500		380,225
1915	12,461,744	8,209,596	8,888,846	3,135,844	103,800		333,254
1916	12,456,740	7,823,919	8,486,592	3,404,991	135,900		429,257
1917	12,896,839	8,341,110	8,112,643	3,939,356	376,900		467,940
1918	13,166,351	9,808,966	8,806,681	3,810,404	149,800		399,466
1919	10,919,411	8,510,208	6,879,690	3,798,242	30,133	13,271	198,075
1920	6,879,599	6,693,059	2,893,305	3,851,603	37,004	3,146	94,541
1921	9,386,861	8,303,616	4,512,702	3,736,331	15,090	5,866	1,116,872
1922	9,231,704	9,691,871	5,378,583	3,648,922	27,935	4,502	171,762
1923	10,048,260	10,233,589	5,870,348	3,725,398	163,759	47,415	241,344
1924	9,976,750	10,912,964	5,144,177	4,361,092	179,171	26,531	265,779
1925	9,855,063	11,711,547	4,828,231	4,740,505	126,494	724	158,899
1926	10,399,335	12,475,467	4,789,887	5,388,515	86,246	49	134,638
1927	10,349,885	10,757,155	4,809,447	5,253,237	32,315	60	254,824
1928	8,889,352	10,029,440	4,135,487	4,455,762	38,464	163	259,476
1929	8,385,821	9,518,359	3,335,628	4,653,090	82,465	71	314,567
1930	8,408,560	3,869,779	3,178,673	4,626,058	237,714	72,383	293,732
1931	8,350,890	7,666,674	3,480,142	3,889,900	613,391	83,640	283,817
1932	6,932,606	5,387,037	3,932,622	2,195,666	262,957	138,749	502,612
1933	8,319,757	6,389,459	4,003,903	2,428,768	823,078	282,878	781,131
1934	9,984,447	10,047,098	3,048,284	3,093,020	3,296,532	5,203	541,408
1935	9,518,147	9,367,138	3,980,300	3,096,333	1,958,817	2,284	481,413
1936	10,153,072	10,264,590	2,804,308	2,647,106	3,469,769	------	1,231,889
1937	11,162,297	13,451,624	1,926,364	2,547,378	5,809,393	2	879,160
1938	11,434,484	14,237,201	2,462,335	3,411,536	4,849,419	81	711,114
1939	12,813,315	22,402,031	2,466,206	4,286,302	5,169,081	815	890,911
1940	9,372,051	-------	1,487,200	2,336,474	5,224,346	451	323,580
1941	8,881,305	21,214,480	2,756	4,976,100	3,538,520	19	363,910
1942	8,570,334	23,589,287	16,372	4,608,961	3,707,293	6	237,702
1943	7,927,704	-------	17,523	5,053,536	2,513,084	12	343,549
1944	10,653,767	-------	5,700	7,346,281	3,301,786	-------	-------
1945	28,208	-------	-------	23,762	4,446	-------	-------

光復以後	數量總計（公斤）	價值總計（美元）	烏龍茶（公斤）	包種茶（公斤）	紅茶（公斤）	綠茶（公斤）	其他（公斤）
1946	3,497,985	------	382,167	1,114,720	1,928,697	-------	72,401
1947	5,616,632	------	671,544	2,207,839	2,325,411	-------	411,838
1948	8,595,930	------	220,354	2,965,144	4,002,976	-------	1,407,486
1949	14,594,658	2,448,459	1,070,446	2,721,181	7,485,210	1,196,709	2,121,112
1950	6,856,491	2,962,664	241,350	772,132	4,206,922	640,112	995,975
1951	11,134,115	6,607,419	224,634	1,432,113	4,796,164	2,882,017	1,799,187
1952	9,479,329	5,745,270	72,916	1,442,582	406,027	6,149,759	1,408,045
1953	10,430,530	6,840,132	161,831	1,577,305	1,290,017	4,792,908	2,608,469
1954	14,868,184	9,469,012	245,108	1,316,671	5,021,673	2,318,025	5,966,707
1955	7,883,951	5,593,887	147,641	1,538,332	2,742,320	882,313	2,633,345
1956	10,633,640	5,050,905	247,424	1,535,348	2,743,975	2,291,790	3,815,103
1957	12,199,161	5,762,210	134,129	1,586,214	3,371,318	3,082,305	4,025,195
1958	12,031,390	6,769,334	213,678	1,744,335	3,346,524	3,169,815	3,557,038
1959	13,736,094	7,071,010	202,401	1,869,097	3,207,546	3,456,169	5,000,881
1960	11,437,273	6,347,000	202,162	1,738,974	3,296,363	2,510,153	3,689,621
1961	14,231,685	8,889,000	257,240	1,767,040	3,562,124	5,674,581	2,971,700
1962	12,627,148	7,889,000	250,055	2,096,148	2,870,186	5,044,654	2,366,105
1963	13,655,560	8,103,000	223,693	1,970,720	2,004,948	6,270,558	3,185,641
1964	14,937,076	8,424,000	264,087	2,079,118	2,392,823	6,002,391	4,198,657
1965	20,149,652	-------	295,286	2,407,375	12,908,492	4,538,499	------
1966	19,277,947	11,116,000	331,136	2,365,014	6,779,536	9,802,261	-
1967	19,338,672	12,379,000	352,966	2,810,522	3,371,670	12,803,514	-
1968	18,384,364	11,681,000	391,395	2,715,448	3,943,649	11,333,872	-
1969	21,501,051	13,555,000	401,410	2,604,910	2,335,284	16,159,313	-
1970	21,200,359	14,284,000	398,356	2,513,705	2,135,436	16,152,862	-
1971	22,923,480	14,236,000	515,055	2,329,799	5,954,829	14,123,797	-
1972	21,510,055	16,847,000	591,604	2,329,097	4,610,602	13,978,752	-
1973	23,515,904	19,427,500	580,071	2,480,373	1,848,590	18,606,870	-
1974	17,885,200	16,848,222	479,862	1,740,552	2,970,198	12,694,588	-
1975	19,760,551	20,133,732	402,320	1,732,141	5,683,810	11,942,280	-
1976	20,382,468	19,520,835	452,841	1,445,828	4,374,126	14,109,673	-
1977	21,034,297	28,124,576	667,249	1,236,741	6,489,206	12,641,101	-
1978	20,405,812	29,895,393	432,424	1,192,911	2,162,591	16,617,886	-
1979	19,233,505	28,337,649	442,012	1,189,715	1,700,916	15,900,862	-
1980	18,348,082	28,503,000	882,870	2,433,571	3,083,493	11,948,148	-
1981	14,957,237	31,540,511	1,017,077	1,549,247	3,067,643	9,323,270	-
982	9,982,894	18,241,959	765,764	1,384,539	3,097,047	4,735,544	-

1983	12,101,531	19,440,606	1,063,175	1,515,882	4,412,890	5,373,442	-
1984	11,709,568	24,636,600	1,697,764	1,361,958	5,628,088	3,021,758	-
1985	10,024,429	26,400,279	3,777,765	1,362,758	1,682,142	3,201,773	-
1986	10,195,452	30,240,133	5,206,739	1,221,723	1,092,216	2,574,774	-
1987	7,820,320	29,018,000	4,348,723	833,630	743,955	1,894,012	-
1988	7,632,720	25,659,471	4,319,410	721,655	799,162	1,792,493	-
1989	6,933,480	22,477,000	3,778,640	663,121	487,492	1,983,781	-
1990	5,740,990	18,077,000	3,717,476	544,064	560,492	930,147	-
1991	5,316,738	21,124,000			4,433,556	883,182	-
1992	5,296,194	19,670,000			4,233,793	1,062,401	-
1993	5,142,377	20,771,790			9,192,495	773,633	-
1994	4,372,745	20,953,000			3,615,420	757,325	-
1995	3,172,042	18,367,740			2,361,527	810,515	-
1996	3,475,119	21,244,800			2,309,280	1,165,839	-
1997	2,918,493	18,867,533			2,227,230	691,263	-
1998	2,481,961	14,518,000			2,125,058	356,903	-
1998	3,071,950	17,218,000			2,521,434	550,114	-
2000	3,034,578	15,685,324			2,384,374	449,511	-
2001	2,451,102	14,153,176			2,033,049	418,053	-
2002	2,592,336	16,276,676			2,080,728	511,608	-
2003	2,712,979	20,655,665			2,150,180	562,840	-
2004	2,388,493	17,631,054			1,924,331	466,162	-
2005	2,174,605	16,891,054			1,683,910-	490,695	-
2006	2,031,425	16,856,384			1,451,726	579,699	-
2007	2,004,859				1,417,637	587,222	-

資料來源：1965 年以前的資料取自臺北市茶商業同業公會編，《臺茶輸出百年簡史》，
　　　　　1965。1965 年以後的資料取自徐月娥，〈生命力展現在農村產業之探討
　　　　　——以苗栗縣頭份鎮椪風茶爲例〉，佛光大學生命學研究所碩士論文，頁
　　　　　30～34，2012。

　　從這個統計表來看，包種茶的產銷比較平穩。不像烏龍茶那樣的大起大
落。從 1889 年到 1896 年的七年之間，是包種茶的蟄伏時期。從 1897 年開始
活動。是年的輸出數量是 1,101,300 公斤。到 1907 年已增加到 2,164,700 公斤。
此後以穩健的步伐前進。1911 年到 1916 年，每年出口三百多萬公斤。1917
年至 1923 年每年出口六百多萬斤（折合 360 多萬公斤）。1926 年到達頂峰的
九百萬斤，540 萬公斤。

　　1928 年有濟南事變。中國大陸各地發起反日運動，抵制日貨。臺灣的包
種茶因而受累，出口量下降到 4,455,762 公斤。1931 年發生「九一八事變」，
日本占領東北三省，成立滿洲國。全中國和南洋各地都激起大規模的反日運

動，抵制日貨。包種茶的輸出量大受影響，降至二百多萬公斤。包種茶還能有銷路，則是當滿洲國成立之後，臺灣和滿洲國同屬日本殖民地，臺北的茶商可以到東北販售茶葉，包種茶因而新開拓了東北的市場〔註23〕。

自此以後數年裡，日本侵我中國大陸益加猖狂，例如 1932 年又有上海淞滬事變，日軍攻擊上海。中國南方各省和東南亞各地的華僑強力反日，抵制日貨。包種茶成了受殃之池魚，輸出數量益加減少。在 1937 年七七蘆溝橋事變爆發前，降到新的低點。可是一旦抗戰爆發，日軍迅速占領廣大的華東、華北地區，包種茶卻因而找到新的市場〔註24〕。所以抗戰初期，儘管烏龍茶的出口一落千丈，包種茶與紅茶的出口反而增加，原因就在這裡。〔註25〕

光復前一年，1944 年，包種茶的輸出量竟高達 7,346,281 公斤，是臺灣包種茶歷年輸出量的最高紀錄。光復後，國民政府力謀振興。包種茶的產量也從 1945 年的谷底，只有 226,856 公斤，向上翻升。在民國三十五年時，包種茶的產量提升到 1,361,785 公斤。再過十幾年，到了民國五十二年時，包種茶的產量上升到 7,257,000 公斤。增加了五倍的產量。

從 1904 年到 1934 年，包種茶的海外市場都是以爪哇的三寶壟為首位。從 1935 年起，東北滿洲國起而代之。

表6-8　包種茶輸出各地之數量（1916～1939）

		大正五年 1916	大正六年 1917	大正七年 1918	大正八年 1919	大正九年 1920
荷屬東印度(爪哇)	三寶壟	166,000	180,198	120,345	126,421	139,535
	井里汶	22,000	24,312	27,444	18,597	38,224
	泗水	8,000	8,935	6,699	6,017	7,913
	巴達維亞	4,000	4,236	2,988	2,071	4,931
	計	200,000	217,681	157,476	153,106	190,603
新加坡		65,800	12,401	11,395	12,271	22,578
安南		12,000	23,436	25,002	21,904	1,011

〔註23〕 張我軍〈臺灣之茶〉，收入臺灣銀行金融研究室編，臺灣特產叢刊第三種，《臺灣之茶》，1949，頁10。

〔註24〕 張我軍〈臺灣之茶〉，收入臺灣銀行金融研究室編，臺灣特產叢刊第三種，《臺灣之茶》，1949，頁10。

〔註25〕 張我軍〈臺灣之茶〉，收入臺灣銀行金融研究室編，臺灣特產叢刊第三種，《臺灣之茶》，1949，頁10。

暹邏	13,700	21,601	27,582	42,640	34,095
馬尼拉	5,500	7,273	10,176	12,841	8,627
緬甸		70	366	635	84
南支那 廣東		50	----	7	----
南支那 香港		170	102	-----	19
南支那 廈門		692	----	86	56
南支那 汕頭				9	
北支那 青島			40	305	252
沖繩	6,648	11,689	19,397	18,972	19,984
合計	244,648	295,063	251,536	251,536	277,789

		大正十年 1921	大正十一 年 1922	大正十二 年 1923	大正十三 年 1924	大正十四 年 1925	昭和元年 1926
荷屬東印 度（爪哇）	三寶壟	129,952	129,384	123,812	138,964	146,237	152,296
荷屬東印 度（爪哇）	井里汶	34,418	44,448	46,529	46,146	55,276	61,340
荷屬東印 度（爪哇）	泗水	6,607	6,571	6,729	7,251		
荷屬東印 度（爪哇）	巴達維亞	4,200	4,307	3,929	3,455		
荷屬東印 度（爪哇）	計	175,177	184,710	180,999	195,816		
沙勞越	泗里末					8,509	9,069
沙勞越	加蚋吧					6,205	6,293
新加坡		8,753	9,056	9,319	15,430	22,195	24,923
安南		29,349	3,131	-----	----		
曼谷		36,578	51,402	68,779	81,202	80,543	54,478
馬尼拉		6,675	5,700	5,123	7,357	6,845	6,350
南支那	廣東	1,074	-----				
南支那	香港	656	1,473	1,994	3,399	2,175	3,250
南支那	廈門	1,763	123	10	338	424	60
南支那	汕頭				90		34
沖繩		19,225	7,429	6,424	15,762	4,500	1,278
其他			17	41	1,588	7,237	56,148
合計		279,250	262,681	272,689	320,982	340,110	375,519

		昭和二年 1927	昭和三年 1928	昭和四年 1929	昭和五年 1930	昭和六年 1931
荷屬東印 度（爪哇）	三寶壟	132,278	156,227	166,161	133,574	137,582
	井里汶	73,014	87,972	80,098	56,179	34,835
沙勞越	泗里末	9,027	10,802	9,583	9,148	9,477
	加蚋吧	7,258	5,343	3,988	4,275	3,388
新加坡		28,074	5,879	840	4,779	1,614
曼谷		5,527	36,437	44,881	38,674	35,439
馬尼拉		6,808	6,071	4,125	3,690	2,300
香港		967	1,713	817	2,017	2,626
廈門		1,455		230	908	133
汕頭					768	1,435
沖繩		1,319	1,647	2.286	2,785	2,200
合計		365,852	334,384	341,846	186,727	268,033

		昭和七年 1932	昭和八年 1933	昭和九年 1934	昭和十年 1935	昭和十一年 1936
荷屬東印 度（爪哇）	三寶壟	80,851	46,806	45,052	24,961	11,823
	井里汶	15,973	4,760	3,767	2,004	1,631
	直葛	1,879	1,035	496	204	191
	加蚋吧	3,120	925	1,763	2,050	885
	芝撈札	10,148	5,597	1,660	730	285
沙勞越	泗里末	6,361	3,249	4,219	3,773	2,595
新加坡		1,796	9,491	19,422	21,683	21,168
曼谷		5,544	32,136	33,170	37,304	43,179
西貢			12,861	23,847	21,192	18,814
馬尼拉		20				
香港		10,111	4,454	3,684	5,871	
大連			19,022	42,455	44,372	36,171
汕頭		31		30	76	
沖繩		5,736	10,889	9,523	18,388	16,028
其他		60	673	1,649	5,438	9,711
合計		141,621	151,898	190,737	188,046	162,481

		昭和十二年 1937	昭和十三年 1938	昭和十四年 1939		
輸出	滿洲國	1,532,560	4,281,258	4,963,405		
	中華民國	45,057	157,035	1,105,595		
	英領香港	134,389	32,216	----		
	法屬越南	341,412	123,190	72,012		
	暹邏	689,199	84,854	37,930		
	馬尼拉	101,664	20,366	493		
	英領馬來	312,392	7,200	----		
	荷屬爪哇	321,454	250,633	230,436		
	北美合眾國	19,053	9,779	23,007		
	葡萄牙	3,024	665	-----		
	英國	6,814		13,335		
	其他	4,429	7,959	12,873		
	小計	3,511,447	4,975,155	6,559,086		
移出	南洋廳	13,600	19,317	19,318		
	沖繩	399,890	724,268	583,349		
	朝鮮	4,840	28,464	39,029		
	其他	7,231	6,747	27,234		
	小計	425,561	779,346	668,930		
輸出移出合計		3,937,008	5,754,501	7,228,016		

（以箱爲單位，每箱淨重23斤）

資料來源：《日治時代茶商公會業務成績報告書》（1917～1944），第貳篇〈商業狀況〉，
　　　　　頁189～278。

說明：1. 表格的格式不同是由於原書的統計表格式改變。

　　　2. 昭和十四年（1939）之後，只列出輸出入總量，不再細載輸出、移出地點。

　　　3.「輸出」是指對外國，「移出」是指在大日本的勢力範圍之內。

　　　4. 南洋廳是在太平洋上的密克羅尼西亞群島，原本是德國的屬地，一次大戰之
　　　　後所簽訂的《凡爾賽和約》，將赤道以北（關島除外）委任日本管理。包括
　　　　現在的帛硫、馬紹爾群島、密克羅尼西亞聯邦、北馬里亞納群島等。日本在
　　　　此設「南洋廳」。二次大戰後，根據《舊金山和約》，交由美國管理。「南洋
　　　　廳」隨之消滅。

　　　從這個包種茶歷年的輸出記錄來看，爪哇的三寶壟和井里汶一直是主要
的包種茶輸出地，每年輸出的數量都很穩定，直到第二次世界大戰之前，方
才下降。由於包種茶都是在華人聚居的地方販賣，雖然世界局勢屢有變化，
日本人瘋狂的侵略行爲，帶來的戰爭所在多有。可是，一旦戰事過去，地方

上又回復往昔的繁榮時，市場很快的回復先前的熱鬧景象。日本人很早就注意到戰爭對商業活動，乃至於國際貿易，有深遠的影響。於是在日本人的勢力範圍內，鼓勵通商。包種茶得以在東北滿洲國大賣，運往大連的包種茶數量突然出現，就是這種局勢的具體表現。

第六節　紅茶及其出口貿易

　　日人深知烏龍茶和包種茶對臺北，乃至於整個臺灣外貿事業的重要性。可是，這兩種茶都由中國人和英美商人所占有。日人一時無法染指，於是另謀發展，於是就引進紅茶，以為抗衡之用。

　　明治二十八年（1895）乙未割臺之後，次年，臺灣總督府公布製茶稅率，再一年，又規定茶葉輸出稅與出港稅。到明治四十三年（1910）方才廢止。

　　另一方面，開始著手改良茶葉。明治三十四年（1901）在深坑庄十五份和桃園龜山之楓樹坑，設立茶樹栽培試驗所。明治三十六年（1903）在桃園草湳坡（現在的桃園平鎮），設立機械製茶試驗所與茶樹栽培試驗場。又設分場於苗栗的三叉河。專門從事研究如何改良茶樹、育種、改進烏龍茶和試製紅茶。

　　大正三年（1914）撤廢三叉河分場，草湳坡試驗場也在大正十一年（1922）改屬中央研究所的平鎮茶葉試驗支所。

　　日本人發展紅茶始自明治三十二年（1899）。有三井合名會社在臺北的海山與桃園的大溪，開闢茶園。隨之建立新式的製茶廠於大豹、大寮、水流東和礦窟等地，專門生產紅茶。名稱是「日東紅茶」。品質極好，可以跟印度的 Lipton 紅茶匹比。

日東紅茶的包裝盒圖樣

資料來源：《臺灣百年生活圖錄》第一輯，廣告時代，頁 117，2010 年。

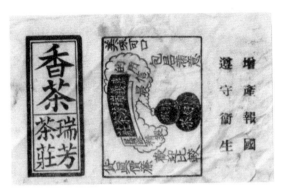

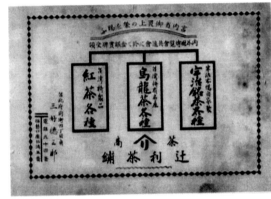

日據時代的採茶景象

資料來源：《臺灣百年生活圖錄》第一輯，廣告時代，頁 126，2010 年。

日據時代大稻埕的製茶情形

資料來源：《臺灣百年生活圖錄》第一輯，廣告時代，頁126，2010年。

明治三十八年（1905），又成立了「日本臺灣茶業株式會社」，借用草湳坡的製茶試驗所，同時也收買苗栗的三叉河茶園，專門經營紅茶。

大正七年（1918）日本臺灣茶業株式會社又爲新設立的臺灣拓殖製茶株式會社所合併。另在桃園大溪開闢茶園，生產紅茶。

從此臺灣紅茶的生產與輸出每年都大幅上揚，在國際上頗得好評，成爲臺灣茶的後起之秀。以下是紅茶歷年的輸出記錄：

表6-9 紅茶的生產與輸出數量及價值之統計

時代	年 份	輸出數量（公斤）	輸出價值（日圓）	生產數量（公斤）	生產價值（日圓）
日據時代	明治三十九年（1906）	400			
	明治四十年（1907）	13,300	7,121		
	明治四十一年（1908）	15,500	5,490		
	明治四十二年（1909）	86,900	22,923		
	明治四十三年（1910）	68,900	23,224		
	明治四十四年（1911）	83,400	37,820	155,892.6	51,964
	大正元年（1912）	32,700	17,542	127,236.6	72,524

大正二年（1913）	200,300	100,100	202,740.0	101,370
大正三年（1914）	91,500	11,240	121,719.0	48,688
大正四年（1915）	103,800	14,071	145,836.0	80,978
大正五年（1916）	135,900	26,743	187,767.0	73,914
大正六年（1917）	376,900	31,105	345,852.6	142,380
大正七年（1918）	149,800		174,228.6	172,588
大正八年（1919）	30,133	19,267	59,927.4	39,268
大正九年（1920）	37,004		64,095.6	35,551
大正十年（1921）	15,090	4,605	3,694.8	2,258
大正十一年（1922）	27,935	15,778	51,006.0	22,850
大正十二年（1923）	163,759	119,057	141,276.0	131,496
大正十三年（1924）	179,171	91,046	195,519.0	173,263
大正十四年（1925）	126,494	26,608	172,539.0	173,219
昭和元年（1926）	86,246	53,472	145,949.4	146,330
昭和二年（1927）	32,315	19,545	40,458.0	27,214
昭和三年（1928）	38,464	50,214	37,920.0	54,905
昭和四年（1929）	82,465	104,182	153,600.0	116,500
昭和五年（1930）	237,714	201,751	435,262.8	403,657
昭和六年（1931）	613,391	436,127	660,656.4	392,165
昭和七年（1932）	262,957	117,825	52,306.8	477,090
昭和八年（1933）	823,078	557,963	886,485.0	773,496
昭和九年（1934）	3,296,532	2,889,022	3,612,876.0	4,250,395
昭和十年（1935）	1,958,817	1,490,189	3,293,836.8	3,963,690
昭和十一年（1936）	3,469,769	3,174,103	3,905,013.6	4,517,631
昭和十二年（1937）	5,809,393	5,887,617	6,336,987.6	7,417,475
昭和十三年（1938）	4,849,419	4,105,074	5,901,276.6	6,844,031
昭和十四年（1939）	5,169,081	5,476,487	5,955,499.8	8,337,589
昭和十五年（1940）	5,224,346	7,961,521	6,230,100.6	12,341,990
昭和十六年（1941）	3,538,520	6,385,233	6,117,194.1	12,152,838
昭和十七年（1942）	3,707,293	5,368,662	3,546,594.6	5,231,267
昭和十八年（1943）	2,513,084		4,405,741.0	9,070,633
昭和十九年　　（1944）	3,301,786		580,582.0	2,501,219

光復以來	民國三十四年（1945）	4,446		92,284.0	342,495
	民國三十五年（1946）	1,928,697		2,533,351.0	299,465,001（舊臺幣）
	民國三十六年（1947）	2,325,411		3,831,483.0	1,603,415,360（舊臺幣）
	民國三十七年（1948）	4,002,976			
	民國三十八年（1949）	7,485,210			
	民國三十九年（1950）	4,206,922			
	民國四十年　　（1951）	4,796,164			
	民國四十一年（1952）	406,027			
	民國四十二年（1953）	1,290,017			
	民國四十三年（1954）	5,021,673			
	民國四十四年（1955）	2,742,320			
	民國四十五年（1956）	2,743,975			
	民國四十六年（1957）	3,371,318			
	民國四十七年（1958）	3,346,524			
	民國四十八年（1959）	3,207,546			
	民國四十九年（1960）	3,296,363			
	民國五十年　　（1961）	3,561,124			
	民國五十一年（1962）	2,870,186			
	民國五十二年（1963）	2,004,948			
	民國五十三年（1964）	2,392,823			
	民國五十四年（1965）	12,908,492			

資料來源：輸出資料：臺北市茶商同業公會編著《臺茶輸出百年簡史》，〈臺灣茶葉一百年間歷年輸出數量統計表〉，1965。張我軍〈臺灣之茶〉（一），收入臺灣銀行金融研究室編，臺灣特產叢刊第三種，《臺灣之茶》，1949，頁 7～8。生產資料：張佩英、曹淑珍〈臺灣之茶〉，「臺灣紅茶之生產額」，收入臺灣銀行金融研究室編，臺灣特產叢刊第三種，《臺灣之茶》，1949，53。

　　張我軍在〈臺灣之茶〉一文中對於臺灣生產紅茶，做了兩點說明〔註26〕：臺灣所以開始製造紅茶的動機約有二端：一是由於烏龍茶的衰勢無法挽回；二是由於紅茶國家爪哇、印度、錫蘭等的「國際茶葉限產協定」。自民國九年

〔註26〕張我軍〈臺灣之茶〉（一），收入臺灣銀行金融研究室編，臺灣特產叢刊第三種，《臺灣之茶》，1949，頁 11。

（1920）烏龍茶失卻大半市場以來，日本政府雖盡了九牛二虎之力，但是回生乏術，烏龍茶的出口無法再爬上千萬斤大關。正在苦悶之間，可巧爪哇等紅茶國苦於生產過剩而自民國二十二年（1933）協定限產，翌年起限制輸出。日本政府乃傾全力獎勵紅茶的產製，臺灣紅茶便乘機而起了。紅茶市場的分佈如下：

表 6-10　紅茶市場分布

	昭和 11 年（1936）		昭和 12 年（1937）		昭和 13 年（1938）	
	數量（斤）	百分比	數量（斤）	百分比	數量（斤）	百分比
美國	1,416,450	24.3	3,381,468	35.0	1,299,749	16.3
加拿大	230,204	3.9	358,492	3.7	128,101	1.7
英國	642,580	11.0	839,079	8.7	775,993	9.7
德國	86,488	1.4	88,920	0.9	133,454	1.7
荷蘭	138,700	2.3	502,170	5.2	246,366	3.0
美索不達米亞	97,736	1.7	208,392	2.1	84,068	1.1
英埃蘇丹	394,858	6.7	996,892	10.3	52,558	0.3
英屬亞丁	----	----	290,966	3.0	47,010	0.2
伊朗	973,788	16.7	438,368	4.5	89,116	1.1
澳洲	214,244	3.6	444,068	4.6	375,775	4.8
大陸國內	2,508	----	1,520	-----	291,146	3.6
東北	319,808	5.5	740,620	7.7	2,998,884	37.6
日本	912,798	15.7	799,026	8.5	1,131,606	14.2
其他	402,642	7.2	542,412	5.8	355,243	4.7
共計	5,832,354	100.0	9,632,392	100.0	7,975,069	100.0

資料來源：張我軍〈臺灣之茶〉，收入臺灣銀行金融研究室編，臺灣特產叢刊第三種，《臺灣之茶》，1949，頁 10。

茶商公會所記錄的紅茶輸出記錄只有昭和 12 年、13 年、14 年這三年的資料，整理成表 6-11。這個表更清楚的說明紅茶運銷那些國家和殖民地，遍及亞洲、非洲、大洋洲和歐洲和南北美洲。

表 6-11　紅茶輸出、移出數量（斤）

		昭和 12 年（1937）	昭和 13 年（1938）	昭和 14 年（1939）
輸出	北美合眾國	3,295,194	1,386,505	3,447,692
	加拿大	223,909	93,564	103,892
	南美阿根廷	22,547	64,596	204,852
	英國	809,277	788,061	84,818
	荷蘭	541,574	268,920	287,582
	比利時	5,670	7,094	7,557
	德國	74,812	190,237	325,597
	葡萄牙	1,890	-----	-----
	英領蘇丹港	1,025,132	93,101	16,837
	埃及	60,979	40,893	934
	英領雅典	299,722	17,012	-----
	義領班各吉	99,304	-----	-----
	英領桑吉巴爾	70,984	34,300	10,395
	法領吉布地	19,388	-----	4,914
	阿拉伯	29,064	-----	1,890
	阿曼	1,512	-----	-----
	伊拉克	123,703	80,312	32,794
	伊朗	401,574	82,666	-----
	英領印度	75,460	-----	-----
	英領馬來	15,303	5,292	2,268
	英領香港	6,630	2,250	-----
	中華民國	861	289,254	488,341
	澳洲	516,351	394,113	315,446
	滿洲國	730,124	2,980,509	1,401,061
	義大利	-----	----	263,995
	Massawa			75,600
	其他	89,142	40,698	172,662
	小計	8,540,106	6,859,107	7,249,127
移出	東京	318,252	311,314	302,376
	神戶	120,879	277,903	219,990
	大阪	163,154	234,787	181,155
	靜岡	114,608	240,700	369,570

	朝鮮	7,912	9,400	1,285
	其他	9,993	76,484	126,996
	小計	743,798	1,150,588	1,201,367
輸移出合計		9,274,904	8,009,695	8,450,499

單位：臺斤（1 臺斤＝0.65 公斤）

資料來源：《日治時代茶商公會業務成績報告書》，2010，頁 266～277。

除開紅茶之外，還有紅茶粉。這三年輸出、移出的數量如表 6-12 所示：

表 6-12　紅茶粉及其他輸出數量、移出數量統計表

	地　　點	昭和十二年（1937）	昭和十三年（1938）	昭和十四年（1939）
輸出	英領馬來	106,809	33,652	239,764
	英領蘇丹港	58,986	24,572	28,185
	埃及	175,029	191,153	269,022
	英領雅典	2,631	----	----
	法領吉布地	8,694	----	----
	英領桑吉巴爾	1,927	4,270	----
	伊朗	61,828	60,462	323,168
	澳洲	13,146	8,510	----
	英國	298,353	553,308	130,857
	滿洲國	-----	268,934	37,232
	中華民國	-----	162,260	136,681
	北美合眾國	-----	-----	106,681
	其他	379,198	68,749	49,863
	小計	1,106,601	1,229,870	1,321,463
移出	東京	30,246	10,260	32,050
	神戶	123,794	189,479	145,162
	大阪	37,320	11,771	12,323
	靜岡	645,825	35,137	6,718
	其他	38,860	25,282	9,207
	小計	885,045	271,929	205,460
輸出移出合計		1,991,646	1,501,799	1,526,923

單位：斤

資料來源：《日治時代茶商公會業務成績報告書》，2010，頁 266～278。

　　紅茶是日本臺灣總督府大力推動的經濟項目，銷路也就由日商開拓與掌握，在出口方面，日商所占的勢力最大。由於臺灣紅茶在歐美各國也有銷路，英美洋行也有一些勢力。本省茶商除了在中國東北有若干顧客外，在國際上的推銷是力有未逮的。茲將商行及其紅茶輸出量表列如下：

表6-13　經營輸出紅茶的商行與數量

商　行　名　稱		1936 年（箱）	1937 年（箱）	1938 年（臺斤）
日商	三井物產	24,040	30,743	487,999
	日東農林	24,404	40,866	1,926,093
	野澤組	13,991	14,275	619,601
	三庄製茶	6,201	4,290	307,955
	中野商店	14,788	8,477	315,298
	三菱商事	2,242	10,524	577,313
	成岡商店	5,865	2,505	167,236
	南山茶行	2,102	8,807	------
	富士茶業	5,940	11,664	176,850
英美	美時洋行	5,546	7,798	174,185
	義和洋行	6,066	3,984	------
	德記洋行	263	18,755	------
	新華利洋行	28,647	49,246	718,380
臺灣本地	廣合茶行	------	4,170	------
	祥泰茶行	------	14,900	------
	文裕茶行	------	6,170	224,777
	錦益茶行	------	------	287,595
	永有茶行	------	------	279,142
	臺灣紅茶	------	------	195,179
臺日商人	臺北州滿洲向出荷組合	------	------	767,211

資料來源：張我軍〈臺灣之茶〉，收入臺灣銀行金融研究室編，臺灣特產叢刊第三種，《臺灣之茶》，1949，頁 10。

第七節　茶的外銷與迎神賽會

在 1865 年，從淡水港出的茶有 136,700 斤，到了 1885 年，則躍升爲 1,227 萬斤〔註 27〕。這種成長率至爲驚人。當然帶動整個大稻埕的市況繁榮。連橫在《臺灣通史》卷二十七〈農業志〉中，對此現象有所描述：

> 時英人德克來設德記洋行（按：應是寶順洋行），販運阿片、樟腦，深知茶業有利，（同治）四年南洋各埠前銷福州之茶，而臺北之包種茶足與匹敵，然非薰以花，其味不濃。於是又勸農人種花。花之芬者爲茉莉、素馨、梔子。每甲收成多至千圓。較之種茶尤有利。故艋舺、八甲、大隆同一帶多以種花爲業。夫烏龍茶爲臺北獨得風味。售之美國，銷途日廣。自是以來，茶業大興，歲可值銀二百數十萬圓。廈汕商人之來者，設茶行二、三十家。茶工亦多安溪人，春至冬返。貧家婦女揀茶爲生，日得二、三百錢，臺北市市況爲之一振。及劉銘傳任巡撫，復力爲獎勵，種者愈多〔註28〕。

既然茶葉在十九世紀下半期的臺北地區的經濟上扮演如此重要的角色，而且茶農又普遍地把他們約三分之一的收入用於宗教活動方面，那麼霞海城隍廟在 1879 年開始一年一度規模盛大的迎神賽會，必然跟茶業興盛，地方繁榮，外銷呈現出超，以及連帶而來的謝神還願有必然的關係。當我們仔細檢視從 1870 年到 1895 年的淡水港輸出金額，就能證明這項推論完全正確。

從 1868 年起，貿易逆差就不算大。1872 年首次出現順差五萬兩。按著是三年逆差。但是從 1876 年起，連續有十八年的順差。1876 年有二萬兩順差，翌年成長五點五倍，達 11 萬兩。再一年，順差達 34 萬兩。一八七九年達 54 萬兩。一連三年的順差當然使大稻埕的茶商以及其他行業的商人雀躍不已。舉行盛大的酬神儀式成爲理所當然的事。詳細情形請參看表 6-14

表 6-14　1868 年至 1895 年淡水港進出口情形

年　份	輸入金額（兩）	輸出金額（兩）	差　額
1868	510,000	270,000	-240,000
1869	490,000	250,000	-240,000

〔註27〕臺灣總督府殖產局特產課《臺灣の茶業》，（1937）：頁 1。
〔註28〕連橫《臺灣通史》卷二十七〈農業志〉，北京：九洲出版社，2008，頁 402～403。

1870	560,000	400,000	-160,000
1871	700,000	510,000	-190,000
1872	720,000	770,000	50,000
1873	790,000	550,000	-340,000
1874	910,000	610,000	-300,000
1875	1,020,000	730,000	-290,000
1876	1,190,000	1,210,000	20,000
1877	1,320,000	1,430,000	110,000
1878	1,300,000	1,670,000	370,000
1879	1,550,000	2,090,000	540,000
1880	1,600,000	2,310,000	710,000
1881	1,730,000	2,410,000	640,000
1882	1,450,000	2,530,000	1,080,000
1883	1,200,000	2,340,000	1,140,000
1884	1,230,000	2,400,000	1,170,000
1885	1,760,000	2,740,000	980,000
1886	2,030,000	3,380,000	1,350,000
1887	2,230,000	3,370,000	1,140,000
1888	2,610,000	3,060,000	450,000
1889	2,180,000	3,090,000	910,000
1890	2,220,000	3,330,000	1,080,000
1891	2,200,000	3,100,000	900,000
1892	2,350,000	3,430,000	1,080,000
1893	3,090,000	4,770,000	1,680,000
1894	3,420,000	4,880,000	1,460,000
1895	1,900,000	1,880,000	-20,000

資料來源：Chinese Maritime Publications. 1860～1895.

　　從光緒二年（1876）起，淡水關年年享受巨額的順差，大稻埕也就年年酬神。時間久了，成為慣例。

　　另外，表6-15也顯示茶的外銷金額在同一時期整個臺灣外貿金額中所占的比例，也是逐年增加。當英人德克初次外銷茶葉到澳門時，價值不過六萬多兩，占全臺外銷金額的百分之七多一點。1876年淡水港開始享受長期的順差時，茶葉的外銷金額首次超過一百萬兩，占全臺外銷金額的四成。這種變化完全顯示茶業在大稻埕發展過程中的重要性。

表 6-15 1868 年至 1895 年茶葉在清臺灣外銷中的比例

年 份	臺灣外銷總額（兩）	淡水茶的外銷金額（兩）	百分比
1868	882,752	64,732	7.33%
1869	976,004	89,376	9.16%
1870	1,655,390	177,403	10.72%
1871	1,693,925	301,118	17.78%
1872	1,965,210	582,872	29.66%
1873	1,472,482	353,445	23.97%
1874	1,812,181	477,329	26.34%
1875	1,815,255	620,067	34.16%
1876	2,628,980	1,060,209	40.33%
1877	2,757,717	1,253,232	45.45%
1878	2,788,673	1,502,685	53.89%
1879	4,125,126	1,947,381	47.21%
1880	4,874,355	2,156,373	44.24%
1881	4,160,960	2,231,896	53.64%
1882	4,050,154	2,402,428	59.32%
1883	4,113,833	2,235,179	54.32%
1884	4,165,314	2,330,920	55.96%
1885	3,819,763	2,711,803	70.99%
1886	4,449,825	3,333,052	74.90%
1887	4,562,478	3,286,972	72.04%
1888	4,543,406	2,914,921	64.16%
1889	4,411,069	2,873,075	65.13%
1890	5,255,880	3,083,879	58.67%
1891	4,735,628	2,712,776	57.28%
1892	4,959,830	2,929,435	59.03%
1893	63,636,580	4,050,980	63.93%
1894	7,245,035	4,083,265	56.36%
1895	3,423,792	1,552,798	45.35%
Total	99,683,590	53,319,692	53.49%

資料來源：Chinese Maritime Publications. 1860～1895.淡水港部份

　　林滿紅曾經統計過清末臺灣幾項主要的輸出商品的輸出額比率。得到以下的表格：

表 6-16　清末臺灣主要輸出商品之金額比率（1872～1895）

年　度	砂糖（%）	茶（%）	樟腦（%）	煤（%）	總金額（海關兩）
1872	57.76	29.66	3.29	3.64	1,965,210
1873	60.47	23,97	4.86	6.39	1,474,482
1874	64.51	26.34	4.22	1.81	1,812,181
1875	57.34	34.16	1.87	2.87	1,815,255
1876	52.16	40.33	1.95	2.39	2,628,982
1877	46.52	45.45	2.87	2.37	2,757,717
1878	36.61	53.89	3.01	2.48	2,788,673
1879	46.37	47.21	1.75	1.27	4,125,126
1880	44.21	44.24	2.07	0.93	4,874,355
1881	40.28	53.64	1.91	2.03	4,160,960
1882	35.09	59.32	1.06	1.95	4,050,154
1883	40.16	54.33	0.89	1.46	4,113,833
1884	39.12	55.96	0.08	1.34	4,165,314
1885	25.03	70.99	0	0.37	3,819,763
1886	20.91	74.90	0.34	0.93	4,449,825
1887	23.59	72.04	0.55	0.75	4,562,478
1888	28.98	64.16	0.53	1.68	4,543,406
1889	27.41	65.13	0.84	3.06	4,411,069
1890	33.38	58.67	2.07	1.52	5,255,880
1891	30.09	57.28	6.02	1.70	4,735,628
1892	26.34	59.06	6.06	0.82	4,959,830
1893	20.09	63.93	11.47	0.98	6,336,580
1894	26.20	56.36	11.50	1.11	7,245,035
1895	36.35	45.35	12.23	0.04	3,423,792

　　從表 6-15，我們也可以看出茶業在清末臺北外銷事業中所占比重的變化。在 1870 年代，臺灣外銷產品的重心是砂糖，先是占一半以上，然後逐年下降，到了 1890 年代，砂糖所占的比重已經下降到百分之二十左右。反觀茶葉所占的比重一直在上升，在 1885 到 1887 的三年，比重更上升到七成。由此可見「茶葉」這一項目在清末臺灣經濟上所占的重要性。

1930年代臺灣茶外銷市場分布圖

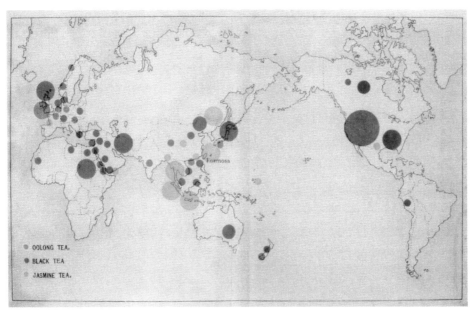

資料來源：《地圖臺灣》，頁222，2007年。

第八節　小　結

　　從以上各節的敘述，我們可以清楚的看到烏龍茶、包種茶和紅茶在臺北經濟發展中所扮演的角色。就烏龍茶而言，它是洋商從福建引進，用契約栽種、統籌收購的方式在坪林、石碇、深坑一帶種植。在萬華、大龍峒、乃至於松山、三張犁一帶，栽種香花，以供薰花之用。在洋行的監督下，製成烏龍茶，由各洋行收購後，運往美國紐約等地，可以看成是洋商所經營的一條生產線。大稻埕的茶商只是貨料的供應者而已。這跟後來臺灣在1970年代發展「代工」的工業化過程，基本上是完全相同的模式。當生產成本增高、出現強大的競爭對手、廠家墨守成規、或是不誠實經營，以劣質品混充時，就會逐漸失去市場，終至無力可回天。

　　包種茶是中國人自創的品牌，由國人自行研發、生產與銷售。於是我們看到經營包種茶的店家一半以上在海外都有他們的分店。銷售的對象也是以華人為主。所以這些銷售包種茶的海外分店，大都在三寶壟，井里汶、泗水、新加坡、曼谷等華人聚居的城市。由於講求信譽、口碑，顧客穩定，所以在

包種茶的外銷記錄上，始終表現平穩，即使碰上國際政治的一些波動，而減少輸出，可是在第二年就立即回復先前的水準。

紅茶是日本殖民政府，臺灣總督府，撥款經營，刻意仿效外國而發展出來的產品。從研發，到種植，到製作，到通路，和最終端的銷售，都掌握在日本人的手中，臺灣的茶商只是附帶的販售一些紅茶而已。紅茶的銷售具有更強更大的政治色彩。當它所依附的政治力量衰退，或是垮臺，紅茶的生產與銷售立刻受到巨大的影響。

不管是採用那一種形式，直接受益者就是臺北的茶商，其次才是茶農，真正的生產源頭。基於中國傳統的宗教理念，賺錢是受到神明的庇佑。一旦賺到了錢，酬神還願也就成為必需要做的事。霞海城隍廟從 1879 年開始隆重的酬神活動，就是在這種「因賺錢而酬神還願」的心理狀態下產生的。

總括起來說，霞海城隍廟開始一年一度的迎神賽會是拜受臺北地區經濟發展之賜。跟傳統的郊商相比，這時期的經濟發展有其獨特之處，那就是淡水開港，外貿及技術進入本地製造業市場，同時，對外貿易的範圍也從中國大陸沿岸港口擴大成為世界市場。從此，大稻埕的經濟情形跟世界經濟的起伏息息相關。在 1879 年，霞海城隍誕辰的祭典和迎神賽會初次舉行時，酬神謝恩是為主要目的。但是，這種情況到了 1910 年代起了很大的變化。主要是因為這時期的臺灣在日本人的刻意經營下，現代化的新式商業體系逐漸形成。〔註 29〕這種新式的商業經營體系完全不同於前清時代的經營系統，因此如何適應新環境，如何建立新的銷售管道，就成了當時臺灣商人的重要課題。

到了一次大戰結束後，歐美各國相繼實施保護政策，樹立關稅壁壘，引發世界性的經濟風暴。那時候的臺灣已經是世界貿易體系中的一環，自然也就難逃這場風暴。大戰初起時，外銷旺暢。到了戰爭後期，臺灣的外銷業績大幅滑落。如何透過本地的銷售管道將外銷品改變成內銷品，以促進地方的繁榮，成為當時商場上最大的課題。在缺乏有如現今慣用的廣告媒體的情況下，迎神賽會能一下子吸引成千上萬的人前來參與，於是商人就妥善利用各地著名的廟會慶典及其迎神賽會來促進地方經濟的繁榮，從而導致整個臺灣社會產生結構性的改變。

〔註 29〕《臺灣日日新報》，大正四年（1915）4 月 10 日。